Sur le ..... que sur
ton âme,
que le livre t'accompagne.

Amicalement

Michèle

Lyon, 17.9.93

Don Miguel Ruiz

# Les quatre accords toltèques

## La voie de la liberté personnelle

**Traduit de l'américain par Olivier Clerc**

**Avec une préface de Maud Séjournant**

# Extraits du catalogue Jouvence

- L'intuitionneur, par *Hal Zina Bennett*, 1999
- Se libérer des systèmes de croyances, par *Michael Misita*, 1999
- Aucune rencontre n'arrive par hasard, par *Kay Pollak*, 1998
- Vivre sa spiritualité au quotidien, par *Pierre Pradervand*, 1998
- Dialogue de vie, par *Rosette Poletti*, 1997
- Découvrir les vraies richesses, par *Pierre Pradervand*, 1996
- Choisir d'aimer, par *Eileen Caddy*, 1996
- Succès, dites oui!, par *Justin Belitz*, 1996
- Des pensées pour grandir, par *Rosette Poletti et Barbara Dobbs*, 1993
- Vivre son deuil et croître, par *Rosette Poletti et Barbara Dobbs*, 1993
- Les pensées du cœur, par *Louise-L. Hay*, 1993
- Les mémoires de l'oubli, par *Jacques Salomé et Sylvie Galland*, 1989
- Apprivoiser la tendresse, par *Jacques Salomé*, 1989

Collection Pratiques Jouvence
- Lâcher prise, par *Rosette Poletti & Barbara Dobbs*, 1998
- L'estime de soi, par *Rosette Poletti & Barbara Dobbs*, 1998
- Bien vivre ici et maintenant, par *Olivier Nunge et Simonne Mortera*, 1998
- Etre autonome, par *Olivier Nunge et Simonne Mortera*, 1998
- Vivre au positif, par *Marie-France Muller*, 1997
- Croire en soi, par *Marie-France Muller*, 1997

**jouVence**
EDITIONS

**Catalogue gratuit sur simple demande auprès des éditions Jouvence**
- Suisse : CP 143, CH-1233 Bernex-Genève
- France : BP 7, F-74161 Saint Julien en Genevois Cedex

*Collection « Cercle de vie » dirigée par Maud Séjournant*

ISBN 2-88353-171-4

Mise en page : Dynamic 19, Thonon-les-Bains (France), couverture C. Duval et Nicholas Wilton

Au Cercle de Feu ;
à ceux qui nous ont précédé,
à ceux qui sont présents,
et à ceux qui doivent encore venir.

## Remerciements

J'aimerais humblement remercier ma mère, Sarita, qui m'a appris l'amour inconditionnel, mon père, José Luis, qui m'a enseigné la discipline, mon grand-père, Leonardo Macias, qui m'a donné la clé des mystères toltèques, et mes fils Miguel, José Luis et Leonardo.

J'exprime ma profonde affection et mon appréciation pour l'engagement de Gaya Jenkins et Trey Jenkins.

Je souhaite également inclure dans mes remerciements Janet Mills, éditrice, correctrice et croyante. Je suis aussi éternellement reconnaissant envers Ray Chambers qui a illuminé la voie.

J'aimerais honorer ma chère amie Gini Gentry, un « cerveau » étonnant dont la foi a touché mon cœur.

J'aimerais aussi rendre hommage à tous ceux qui ont donné gracieusement de leur temps, de leur cœur et de leur ressources pour apporter leur soutien à ces enseignements. Une liste partielle de ces personnes comprend : *Gae Buckley, Teo et Peggy Suey Raess, Christinea Johnson, Judy « Red » Fruhbauer, Vicki Molinar, David et Linda Dibble, Bernadette Vigil, Cynthia Wootton, Alan Clark, Rita Pisco Rivera, Catherine Chase, Stephanie Bureau, Todd Kaprielian, Glenna Quigley, Allan Hardman, Cindee Pascœ, Tink et Chuck Cowgill, Roberto et Diane Paez, Siri Gian Singh Khalsa, Heather Ash, Larry Andrews, Judy Silver, Carolyn Hipp, Kim Hofer, Mersedh Kheradmand, Diana et Sky Ferguson, Keri Kropidlowski, Steve Hasenburg, Dara Salour, Joaquin Galvan, Woodie Bobb, Rachel Guerrero, Mark Gershon, Collette Michaan, Brandt Morgan, Katherine Kilgore (Kitty Kaur), Michael Gilardy, Laura Haney, Mark Cloptin, Wendy Bobb, Edwardo Fox, Yari Jaeda, Mary Carroll Nelson, Amari Magdelana, Jane Ann Dow, Russ Venable, Gu et Maya Khalsa, Mataji Rosita, Fred et Marion Vatinelli, Diane Laurent, V.J. Polich, Gail Dawn Price, Barbara Simon, Patti Cake Toerres, Kaye Thompson, Ramin Yazdani, Linda Lightfoot, Terre « Petie » Gorton, Dorothy Lee, J.J. Frank (Julion Franco), Jennifer et Jeanne Jenkins, George Gorton, Tita Weems, Shelley Wolf, Gigi Boyce, Morgan Drasmin, Eddie Von Sonn, Sydney de Jong, Peg Hackett Cancienne, Germaine Bautista, Pilar Mendoza, Debbie Rund Caldwell, Bea La Scalla, Eduardo Rabasa, et Le Cow-boy.*

# Sommaire

# Préface

« Ma première rencontre physique avec Don Miguel remonte à 1991. Mon amie et sœur de cœur Linda, m'avait parlé d'un chaman mexicain qui était installé depuis peu à Santa Fe (il est maintenant basé à San Diego, Californie). Elle m'avait surtout évoqué sa douceur, qualité que je n'apparentais jusque là pas du tout avec un chaman. Les histoires de Castaneda m'avaient rendu méfiante de ce qu'on pouvait attendre d'un chaman. Ce que je n'avais pas encore compris, c'est que Don Miguel n'est pas seulement un homme de pouvoir, mais un homme d'amour. Et c'est précisément son amour inconditionnel et permanent qui rend son pouvoir intangible. Mais je ne pouvais pas encore saisir cette évidence, encore prise dans la dualité du gentil/méchant, fort/faible, etc. Je n'avais pas d'expérience humaine de cette énergie-là. Lorsque je le rencontrai dans la maison où il habitait avec Gaïa, sa femme américaine, je vis un homme assez menu, presque plus petit que moi, à la peau sombre, au visage ouvert, éclairé par un sourire franc qui disait déjà tout. « *Tu es un ange* », furent ses premiers mots, et quelque chose en moi se mit à bondir. Enfin quelqu'un qui me reconnaît ! La suite, je l'ai oubliée, elle a dû s'installer au plus profond de moi pour que je me souvienne davantage encore de qui j'étais vraiment. Plus tard, des années après les échanges et l'apprentissage dans le monde du rêve, après l'expérience tangible de la réalité de cet amour inconditionnel, lorsque je fus confirmée nagual dans la tradition des guerriers ou chevaliers de l'Aigle au sommet de la pyramide du Soleil à Teotihuacan, je me suis souvenue qu'il m'avait accompagné tout au long de mon chemin, portant dans son amour la connaissance de ma nature divine qu'il m'a fallu retrouver moi-même. Je réalisai alors que Don Miguel était l'être qui était venu dans mon rêve[1] pour me dire qu'il venait m'enseigner le pouvoir et l'amour. Mais, à l'époque, je ne le connaissais même pas ! »

*Maud Séjournant, directrice de la collection « Cercle de vie »*
*Santa Fe, Nouveau Mexique, avril 1999*

---

1 Voir le livre « Cercle de vie », Maud Déjournant, Ed Albin Michel

# Les Toltèques

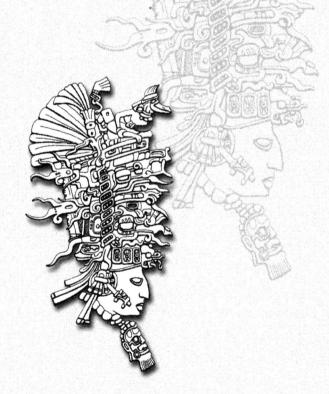

Il y a des milliers d'années, à travers tout le Sud du Mexique, les Toltèques étaient connus comme des « *femmes et hommes de connaissance* ». Les anthropologues les ont décrits comme une nation ou une race, mais en réalité c'était des scientifiques et des artistes formant une société vouée à explorer et préserver la connaissance spirituelle et les pratiques des anciens. Maîtres (*naguals*) et étudiants se réunissaient à Teotihuacan, l'ancienne cité des pyramides située au-delà de Mexico City, connue comme le lieu où « *l'Homme devient Dieu* ».

Au fil des millénaires, les *naguals* ont été contraints de dissimuler la sagesse ancestrale et de la préserver dans l'ombre. La conquête européenne, couplée à l'abus de pouvoir personnel de quelques apprentis, rendit nécessaire de protéger la connaissance de ceux qui n'étaient pas préparés à l'utiliser avec discernement ou qui risquaient d'en user de manière abusive, à des fins personnelles.

Fort heureusement, la connaissance ésotérique des Toltèques s'est transmise et incarnée au fil des générations à travers diverses lignées de *naguals*. Bien qu'elle soit restée dans le secret durant des centaines d'années, les prophéties anciennes avaient annoncé la venue d'un âge au cours duquel il serait nécessaire de redonner la sagesse au peuple. Aujourd'hui, don Miguel Ruiz, nagual de la lignée des Chevaliers de l'Aigle, a été instruit pour partager avec nous les puissants enseignements des Toltèques.

La connaissance toltèque émerge de la même unité de vérité que les traditions ésotériques du monde entier. Bien qu'elle ne soit pas une religion, elle honore tous les maîtres spirituels qui ont enseigné sur terre. Bien qu'elle comprenne une dimension spirituelle, elle est plus justement décrite comme étant un mode de vie qui se distingue par la facilité d'accès au bonheur et à l'amour qu'elle procure.

# Introduction

# Le Miroir de Fumée

Il y a trois mille ans vivait un être humain comme vous et moi, habitant près d'une ville entourée de montagnes. Cet humain étudiait pour devenir homme-médecine et apprendre la connaissance de ses ancêtres, mais il n'était pas entièrement d'accord avec tout ce qu'il apprenait. Dans son cœur, il sentait qu'il devait exister quelque chose d'autre.

Un jour, alors qu'il dormait dans une grotte, il rêva qu'il voyait son propre corps endormi. Il sortit de la grotte par une nuit de nouvelle lune. Le ciel était clair et il pouvait voir des millions d'étoiles. Puis quelque chose se produisit en lui qui transforma sa vie à jamais. Il regarda ses mains, sentit son corps et entendit sa propre voix dire : « *Je suis fait de lumière ; je suis constitué d'étoiles* ».

Il regarda à nouveau les étoiles et comprit que ce ne sont pas les étoiles qui créent la lumière, mais plutôt la lumière qui crée les étoiles. « *Tout est fait de lumière* », se dit-il, « *et l'espace entre toutes choses n'est pas vide.* » Et il sut que tout ce qui existe n'est qu'un seul être vivant, et que la lumière est le messager de la vie, parce qu'elle est vivante et contient la totalité de l'information de vie.

Puis il réalisa que, bien qu'étant constitué d'étoiles, il n'était pas ces étoiles. « *Je suis entre les étoiles* », se dit-il. Alors il appela les étoiles le *tonal* et la lumière entre les étoiles le *nagual*, et il sut que c'est la Vie (ou l'Intention) qui crée l'harmonie et l'espace entre les deux. Sans la Vie, le *tonal* et le *nagual* ne pourraient exister. La Vie est la force de l'absolu, du suprême, du Créateur qui crée toute chose.

Voici ce qu'il découvrit : tout ce qui existe est une manifestation de ce seul être vivant que l'on appelle Dieu. Tout est Dieu. Et il en conclut que la perception humaine n'est que de la lumière percevant de la lumière. Il vit aussi que la matière est un miroir - tout est un miroir réfléchissant la lumière et créant des images de cette lumière - et que le monde de l'illusion, le Rêve, n'est que de la fumée nous empêchant de voir qui nous sommes vraiment. « *Le vrai moi est pur amour, pure lumière* », dit-il.

Cette compréhension changea sa vie. Sachant qui il était vraiment, il regarda les autres êtres humains et le reste de la nature, et fut étonné de ce qu'il vit. Il se voyait lui-même en toute chose, dans chaque être humain, chaque animal, chaque arbre, dans l'eau, dans la pluie, les nuages et la terre. Et il voyait que la Vie unit le *tonal* et le *nagual* de différentes manières pour créer les milliards de manifestation de la Vie.

Durant ces quelques instants, il comprit tout. Il était enthousiasmé et son cœur rempli de paix. Il était impatient de partager avec les siens ce qu'il avait découvert. Mais aucun mot ne parvenait à l'expliquer. Il essaya d'en parler aux autres, mais ceux-ci ne comprenaient pas. Ils voyaient bien qu'il avait changé, que quelque chose de magnifique irradiait de ses yeux et de sa voix. Ils avaient aussi remarqué qu'il ne portait plus de jugement sur rien ni personne. Il n'était plus comme les autres.

Il comprenait très bien chacun, mais personne ne pouvait le comprendre, lui. Ils croyaient qu'il était une incarnation de Dieu. Il souriait lorsqu'il entendait cela et leur disait : « *C'est vrai, je suis Dieu. Mais vous aussi, vous êtes Dieu. Vous et moi sommes pareils. Nous sommes des images de lumière. Nous sommes Dieu.* » Mais les gens ne le comprenaient toujours pas.

Il avait découvert qu'il était un miroir pour les autres, dans lequel il pouvait se voir lui-même. « *Chacun est un miroir* », se dit-il. Il se voyait en chacun, mais personne ne le voyait, lui, comme soimême. Et il réalisa que tous rêvaient, mais sans conscience, sans savoir vraiment qui ils étaient. Ils ne pouvaient le voir comme eux-mêmes, parce qu'il y avait un mur de brouillard ou de fumée entre les miroirs. Et ce mur de brouillard provenait de leur interprétation des images de lumière : le Rêve des humains.

Puis il sut qu'il allait bientôt oublier tout ce qu'il avait appris. Il voulait se souvenir des visions qu'il avait eues, aussi décida-t-il de s'appeler lui-même Miroir de Fumée, afin de toujours se rappeler que la matière est un miroir et que c'est la fumée entre les miroirs qui nous empêche de savoir qui nous sommes. Il dit : « *Je suis Miroir de Fumée, parce que je me vois en chacun de vous, mais nous ne nous reconnaissons pas les uns les autres à cause de la fumée qu'il y a entre nous. Cette fumée est le Rêve, et le miroir c'est nous, le rêveur.* »

Il est facile de vivre les yeux fermés,
en interprétant de travers
tout ce que l'on voit…

*John Lennon*

# Le Processus
# de Domestication et le
# Rêve de la Planète

C e que vous voyez et entendez en ce moment précis n'est qu'un rêve. Vous rêvez à l'instant même, le cerveau éveillé.

Rêver est la fonction principale de notre esprit qui fait cela vingt-quatre heures par jour. Il rêve lorsque le cerveau est éveillé et également lorsque ce dernier dort. La différence c'est que, durant l'état de veille, le cadre de référence matériel nous fait percevoir les choses de façon linéaire. Lorsque nous nous endormons, nous n'avons plus ce cadre de référence, aussi le rêve a-t-il tendance à changer constamment.

Les humains rêvent en permanence. Avant notre naissance, les humains nous précédant ont créé un grand rêve extérieur que l'on appelle le rêve de la société ou *le rêve de la planète*. Le rêve de la planète est le rêve collectif résultant des milliards de rêves personnels plus petits qui, ensemble, forment le rêve d'une famille, le rêve d'une communauté, le rêve d'une ville, le rêve d'un pays, et finalement le rêve de toute l'humanité. Le rêve de la planète comprend toutes les règles de la société, ses croyances, ses lois, ses religions, ses différentes cultures et modes de vie, ses gouvernements, ses écoles, ses événements sociaux, et ses jours fériés.

Nous naissons avec la capacité d'apprendre comment rêver, et les humains qui nous précèdent nous apprennent à le faire de la façon dont rêve la société. Le rêve de la planète a tellement de règles que lorsqu'un nouvel être humain naît, on capte son attention et on introduit ces règles dans son esprit. Le rêve de la planète se sert de papa et maman, des écoles et de la religion pour nous enseigner comment rêver.

L'*attention* est la capacité à être sélectif et à se concentrer exclusivement sur ce que l'on veut percevoir. Nous sommes capables de percevoir des millions de choses simultanément, mais en utilisant notre attention, nous pouvons maintenir ce que nous voulons au premier plan de notre conscience. Les adultes qui nous entouraient, lorsque nous étions enfant, ont donc capté notre attention et introduit des informations dans nos esprits par la répétition. C'est ainsi que nous avons appris tout ce que nous savons.

En nous servant de notre attention, nous avons assimilé toute une réalité, tout un rêve. Nous avons appris comment nous comporter en société : que croire et ne pas croire ; ce qui est acceptable et ce qui ne l'est pas ; ce qui est bon et ce qui est mauvais ; ce qui est beau et ce qui est laid ; ce qui est juste et ce qui est faux. Tout était déjà là : toute cette connaissance, toutes ces règles, tous ces concepts concernant la façon de se comporter dans le monde existaient avant notre naissance.

Lorsque vous alliez à l'école, vous étiez assis sur une petite chaise et votre attention se portait sur ce que le professeur vous enseignait. Lorsque vous alliez à l'église, votre attention se concentrait sur ce que le prêtre ou le pasteur vous disait. La même chose se produisait avec papa et maman, vos frères et vos sœurs. Tous s'efforçaient de capter votre attention.

Nous avons également appris à capter l'attention des autres, et développé un besoin d'attention qui est devenu très compétitif. Les enfants se disputent toujours l'attention de leurs parents, de leurs professeurs, de leurs amis : « *Regardez-moi ! Regardez ce que je suis en train de faire ! Hé oh, je suis là.* » Le besoin d'attention devient ainsi de plus en plus fort et se perpétue à l'âge adulte.

Le rêve de la planète capte notre attention et nous enseigne ce que l'on doit croire, à commencer par la langue que nous parlons. Le langage est le code de compréhension et de communication entre êtres humains. Chaque lettre, chaque mot de chaque langue représente un point sur lequel on s'est mis d'accord. On dit que ceci est une *page* dans un *livre* ; le mot *page* est un terme sur lequel on s'est mis d'accord. Une fois que l'on comprend le code, l'attention est captée et il y a transfert d'énergie d'une personne à l'autre.

Vous n'avez pas choisi de parler français. Vous n'avez pas choisi votre religion ni vos valeurs morales : elles étaient déjà là avant que vous ne soyez né. Nous n'avons jamais eu l'occasion de choisir ce que nous croyons ou non. Nous n'avons pas choisi la plus infime des choses à laquelle nous avons donné notre accord. Nous n'avons même pas choisi notre nom.

Enfants, nous n'avons pas eu la possibilité de choisir nos croyances, mais nous avons donné notre *accord* à l'information qui nous était transmise sur le rêve de la planète. La seule façon de conserver de l'information, c'est d'être d'accord avec elle. Le rêve de la planète peut capter notre attention, mais si nous ne sommes pas d'accord, nous ne retenons pas cette information. Du moment que nous sommes d'accord, nous *croyons* : c'est ce que l'on appelle la foi. Avoir la foi signifie croire sans conditions.

Voilà comment on apprend quand on est enfant. Nous croyons tout ce que les adultes nous disent. Nous sommes d'accord avec eux, et notre foi est si forte que le système de croyance contrôle tout le rêve de notre vie. Nous n'avons pas choisi ces croyances, et nous pouvons même nous rebeller contre elles, mais nous ne sommes pas assez fort pour réussir cette rébellion. Il en résulte une soumission aux croyances, avec notre *accord*.

J'appelle cela le *processus de domestication* des humains. Grâce à cette domestication on apprend comment vivre et comment rêver. Au cours de notre domestication, l'information du rêve de la planète est transmise à notre rêve interne et construit tout notre système de croyances. Enfant, on nous apprend d'abord le nom des choses : maman, papa, lait, bouteille. Jour après jour, à la maison, à l'école, à l'église et par la télévision, on nous dit comment vivre, quels sont les comportements acceptables. Le rêve de la planète nous enseigne comment être des humains. Nous avons un concept de ce qu'est la « *femme* » et un de ce qu'est l' « *homme* ». Et nous apprenons aussi à juger : nous nous jugeons nous-mêmes, nous jugeons les autres, les voisins.

Les enfants sont domestiqués comme les chiens, les chats, ou tout autre animal. Pour instruire un chien, on le punit et on le récompense. De manière analogue, nous formons nos enfants, que nous aimons tant, exactement comme on dresserait un animal domestique : par un système de punitions et de récompenses.

Enfant, on nous disait : « *Tu es un gentil garçon* » ou « *Tu es une gentille fille* » lorsque nous faisions ce que papa et maman voulaient. Lorsque ce n'était pas le cas, on nous qualifiait de « *méchant garçon* » ou de « *méchante fille* ».

Chaque fois que nous enfreignions les règles nous étions punis ; lorsque nous les respections, on nous récompensait. On nous punissait plusieurs fois par jour, et nous recevions également plusieurs récompenses quotidiennes. Bientôt nous avons commencé à avoir peur d'être puni ou de ne pas recevoir de récompense, celle-ci consistant à obtenir l'attention de nos parents ou d'autres personnes telles que nos frères et sœurs, professeurs et amis. Nous avons donc eu besoin de capter l'attention des autres pour obtenir cette récompense. Comme elle nous faisait du bien, nous aussi avons continué de faire ce que les autres attendaient de nous pour l'obtenir. Ayant peur d'être puni et peur de ne pas être récompensé, nous nous sommes mis à prétendre être qui nous n'étions pas, juste pour faire plaisir aux autres, juste pour paraître assez bien à leurs yeux. Nous nous efforcions de faire plaisir à papa et maman, nous voulions plaire aux maîtres d'école, plaire à l'église,

alors nous avons commencé à jouer des rôles. Nous prétendions être autre que nous n'étions, par peur d'être rejetés. Cette peur est ensuite devenue celle de ne pas être comme il faut, assez bon. Au bout du compte nous sommes devenus quelqu'un d'autre que nous-mêmes : des copies des croyances de maman, des croyances de papa, des croyances de la société et de la religion.

Toutes nos tendances naturelles se sont perdues au cours de ce processus de domestication. Et lorsque nous avons été assez âgés pour commencer à comprendre, nous avons appris le mot *non*. Les adultes disaient : « *Ne fais pas ceci, ne fais pas cela.* » Alors nous nous rebellions et disions « *non !* » pour défendre notre liberté. Nous voulions être nous-mêmes, mais nous étions trop petits, et les adultes étaient grands et forts. Au bout de quelques temps nous avons commencé à vivre dans la peur car nous savions que chaque fois que nous ferions quelque chose de faux, nous serions punis.

La domestication est si forte, qu'arrivés à un certain point de notre vie, nous n'avons plus besoin de personne pour nous domestiquer : ni papa et maman, ni l'école ou l'église. Nous sommes si bien dressés que nous devenons nos propres dresseurs. Nous sommes des animaux auto-domestiqués. Nous pouvons désormais nous domestiquer nous-mêmes selon le même système de croyance que l'on nous a inculqué, en utilisant le même processus de punition et de récompense. Nous nous punissons lorsque nous ne respectons pas les règles de notre système de croyances ; nous nous récompensons lorsque nous sommes un « *gentil garçon* » ou une « *gentille fille* ».

Ce système de croyances est comme un Livre de la Loi qui dirige notre esprit. Tout ce qui se trouve dans ce Livre de la Loi est notre vérité, sans l'ombre d'un doute. Tous nos jugements se fondent sur lui, même s'ils vont à l'encontre de notre propre nature intérieure. Même des lois morales telles que les Dix Commandements sont inscrites dans notre psychisme au cours du processus de domestication. Un par un, tous les accords que nous concluons s'ajoutent au Livre de la Loi puis dirigent notre vie.

Une part de notre esprit juge toute chose et chacun, y compris le temps, le chien, le chat : tout. Ce Juge intérieur utilise ce qu'il y a dans le Livre de la Loi pour juger tout ce que nous faisons et ne faisons pas, tout ce que nous pensons et ne pensons pas, tout ce que nous ressentons et ne ressentons pas. Tout est soumis à la tyrannie de ce Juge. Chaque fois que nous faisons quelque chose de contraire au Livre de la Loi, le Juge nous déclare coupable, nous devons être punis et avoir honte. Cela se produit plusieurs fois par jour, jour après jour, durant toutes les années de notre vie.

Une autre part de nous-mêmes reçoit ces jugements : on l'appelle la Victime. La Victime subit la réprimande, la culpabilité et la honte. C'est cette partie de nous qui dit : « *Pauvre de moi, je ne suis pas assez bon, je ne suis pas assez intelligent, je ne suis pas assez beau, je ne mérite pas d'amour, pauvre de moi.* » Le Juge est d'accord et dit : « *Oui, tu n'es pas assez bon.* » Et tout cela découle d'un système de croyances auquel nous n'avons jamais choisi de croire. Ces croyances sont d'ailleurs si fortes que même des années plus tard, lorsqu'on découvre de nouveaux concepts et qu'on essaye de prendre ses propres décisions, on réalise qu'elles contrôlent toujours notre vie.

Tout ce qui va à l'encontre du Livre de la Loi vous fait ressentir une drôle de sensation dans le plexus solaire, que l'on appelle la peur. Contrevenir aux règles du Livre de la Loi rouvre vos plaies et votre réaction est de produire du poison émotionnel. Puisque tout ce qu'il y a dans le Livre de la Loi doit être vrai, tout ce qui remet en question vos croyances provoque un sentiment d'insécurité. Même si le Livre de la Loi est faux, il vous donne un sentiment de sécurité.

Voilà pourquoi il faut beaucoup de courage pour remettre en question ses propres croyances. Car même si on ne les a pas choisies, il est néanmoins vrai qu'on leur a donné notre accord. Celui-ci est si fort que même en comprenant, dans le principe, que ces croyances ne sont pas vraies, à chaque enfreinte aux règles on subit quand même la critique, la culpabilité et la honte.

Tout comme le gouvernement possède un livre de lois qui contrôle le rêve de la société, notre système de croyances est le Livre de Lois qui dirige notre rêve personnel. Toutes ces lois existent dans notre tête, nous les croyons, et notre Juge intérieur fonde tout ce qu'il dit sur elles. Le Juge décrète et la Victime subit la culpabilité et la punition.

Mais qui dit que la justice est présente dans ce rêve ?

La vraie justice consiste à ne payer qu'une seule fois pour chaque erreur. La vraie *injustice* consiste à payer plus d'une fois pour chacune.

Combien de fois paie-t-on pour une seule erreur ?

Réponse : des milliers.

L'être humain est le seul animal sur terre qui paie des milliers de fois pour chacune de ses erreurs. Tous les autres animaux ne paient qu'une seule fois pour les erreurs qu'ils commettent. Mais pas nous. Nous avons une puissante mémoire. Nous commettons une erreur, nous nous jugeons, nous nous déclarons coupables et nous nous punissons. Si la justice existait, cela suffirait ; on n'aurait pas à reproduire ce processus. Mais chaque fois que nous y repensons, nous nous jugeons à nouveau, puis encore une fois, et ainsi de suite. Si on a un mari ou une femme, il ou elle nous rappelle aussi notre erreur, afin que l'on puisse de nouveau se juger, de nouveau se punir et de nouveau se déclarer coupable. Est-ce juste ?

Combien de fois fait-on payer la même erreur à son conjoint, à ses enfants, ou à ses parents ? Chaque fois qu'on s'en souvient, on les juge à nouveau, on leur transmet tout le poison émotionnel que nous fait ressentir cette injustice, puis on les fait à nouveau payer pour leur erreur.

Est-ce là de la justice ?

Le Juge a tort parce que le système de croyances, le Livre de la Loi, est faux. Le rêve tout entier se fonde sur une loi fausse. Quatre-vingt-quinze pour cent des croyances que nous avons gravées dans notre mémoire ne sont que des mensonges, et nous souffrons de croire ces mensonges.

Dans le rêve de la planète, il semble normal que les humains souffrent, qu'ils vivent dans la peur et provoquent des drames émotionnels. Ce rêve n'est pas agréable ; c'est un rêve de violence, de peur, de guerre, un rêve d'injustice. Quant aux rêves personnels des humains, même s'ils présentent quelques variations, de manière générale ce sont des cauchemars.

Si l'on regarde la société humaine, on constate que la raison pour laquelle il est si difficile d'y vivre est qu'elle est régie par la peur. Aux quatre coins de la planète on voit de la souffrance humaine, de la colère, un esprit de revanche, des toxicomanies, de la violence dans la rue, et une incroyable injustice. Présente à des niveaux différents dans chaque pays, la peur contrôle tout le rêve de la planète.

Si l'on compare le rêve de la société humaine avec la description de l'enfer que les religions du monde entier ont promulguée, on constate que les deux sont identiques. Les religions disent que l'enfer est un lieu de punition, de peur, de douleur et de souffrance, un lieu où le feu vous brûle. Le feu résulte des émotions

nées de la peur. Chaque fois que l'on ressent de la colère, de la jalousie, de l'envie, ou de la haine, on sent un feu qui brûle en soi. On vit dans un rêve d'enfer.

Si vous considérez l'enfer comme un état d'esprit, alors il est présent partout autour de nous. Certains disent que si nous ne faisons pas ce qu'ils nous commandent, nous irons en enfer. Pas de chance : nous y sommes déjà, et ces personnes aussi ! Aucun être humain ne peut condamner un autre à l'enfer, parce que nous y sommes tous déjà. Les autres peuvent nous plonger dans un enfer plus profond, c'est vrai. Mais seulement si nous y consentons.

Chaque être humain a son propre rêve personnel et, comme celui de la société, il est généralement régi par la peur. On apprend à rêver l'enfer dans sa propre existence, dans son rêve personnel. Les mêmes peurs se manifestent de façon différente chez chacun, bien entendu, mais nous ressentons tous de la colère, de la jalousie, de la haine, de l'envie, et d'autres émotions négatives. Notre rêve personnel peut aussi devenir un cauchemar perpétuel dans lequel nous souffrons et vivons dans un état de peur permanent. Mais il n'est pas indispensable de faire des cauchemars. Il est possible d'avoir de beaux rêves.

Toute l'humanité est à la recherche de la vérité, de la justice et de la beauté. Nous sommes constamment en quête de vérité parce que nous ne croyons qu'aux mensonges gravés dans notre esprit. Nous recherchons la justice parce qu'il n'y en a pas dans notre système de croyance. Nous recherchons la beauté parce que, peu importe le degré de beauté d'une personne, nous ne croyons pas qu'elle soit belle. Nous ne cessons de chercher et chercher, alors que tout est déjà en nous. Il n'y a aucune vérité à trouver. Où que nous nous regardions, tout ce que nous voyons est la vérité, mais les accords que nous avons conclus et les croyances que nous entretenons nous privent d'yeux pour la voir.

Nous ne voyons pas la vérité parce que nous sommes aveugles, en raison des fausses croyances encombrant notre esprit. Nous avons besoin d'avoir raison et de donner tort aux autres. Nous avons confiance en nos croyances et celles-ci nous condamnent à souffrir. C'est comme si vous viviez au beau milieu d'un brouillard, ne vous permettant pas de voir plus loin que le bout de votre nez, un brouillard qui n'est même pas réel, qui n'est qu'un rêve, votre rêve de vie personnel, ce que vous croyez, tous les concepts concernant qui vous êtes, tous les accords que vous avez passés avec autrui, avec vous-même et même avec Dieu.

Votre esprit tout entier est un brouillard que les Toltèques appellent un *mitote* (prononcez mi-to-té). Votre esprit est un rêve dans lequel des milliers de personnes parlent en même temps, et personne ne comprend personne. Telle est la condition de l'esprit humain : un grand *mitote*, à cause duquel il vous est impossible de voir qui vous êtes vraiment. En Inde, on appelle le *mitote* « *maya* », ce qui signifie « *illusion* ». C'est l'idée que se fait la personnalité du « *Je suis* ». Tout ce que vous croyez à propos de vous-même et du monde, tous les concepts et les programmes que vous avez en tête, tout cela est le *mitote*. Nous ne pouvons voir qui nous sommes vraiment, ni même que nous ne sommes pas libres.

C'est pour cela que les humains résistent à la vie. Etre vivant est leur plus grande peur. Ce n'est pas la mort, mais le risque d'être vivant et d'exprimer qui l'on est vraiment qui suscite la peur la plus importante. Etre simplement soi-même, voilà ce que l'on redoute le plus. Nous avons appris à vivre en nous efforçant de satisfaire les besoins d'autrui, à vivre en fonction du point de vue des autres, de peur de ne pas être accepté et de ne pas être assez bien à leurs yeux.

Au cours du processus de domestication, on élabore une image de ce qu'est la perfection afin d'essayer d'être toujours comme il faut. On crée une image de comment l'on devrait être pour être accepté par tout le monde. En particulier, on s'efforce de plaire à ceux qui nous aiment, comme papa et maman, nos grands frères et sœurs, le prêtre et nos professeurs. En essayant d'être comme il faut à leurs yeux, on construit cette image de perfection à laquelle il est impossible de se conformer. Nous avons créé cette image, mais elle n'est pas réelle. Nous ne serons donc jamais parfaits, de ce point de vue là. Jamais !

N'étant pas parfait, nous nous rejetons. Le degré de rejet de soi dépend de l'efficacité avec laquelle les adultes ont réussi à détruire notre intégrité. En effet, une fois le processus de domestication achevé, il ne s'agit plus d'être comme il faut aux yeux des autres ; désormais, nous ne sommes pas comme il faut pour nous-mêmes, faute de correspondre à notre propre idée de la perfection. Nous sommes incapables de nous pardonner de ne pas être tel que nous le souhaitons, ou plutôt tel que nous croyons devoir être. Nous ne nous pardonnons pas de n'être pas parfaits.

Nous savons que nous ne sommes pas comme nous croyons devoir être, aussi nous sentons-nous faux, frustrés, malhonnêtes. Nous essayons de nous dissimuler, en prétendant être qui nous ne sommes pas. Résultat : nous manquons d'authenticité et nous portons des masques sociaux pour éviter que les autres le remarquent. Nous avons une telle peur qu'on découvre que nous ne sommes pas qui nous prétendons être. Naturellement, nous jugeons aussi les autres d'après notre idée de la perfection, et bien entendu ceux-ci déçoivent toujours nos attentes.

Nous allons jusqu'à nous déshonorer, simplement pour plaire à autrui. Parfois certains abîment même leur corps pour être acceptés par les autres. On voit des adolescents prendre de la drogue pour ne pas être rejetés par leurs copains. Ils ne sont pas conscients que leur vrai problème est de ne pas s'accepter. Ils se rejettent eux-mêmes faute d'être ce qu'ils prétendent être. Ils souhaiteraient être comme ceci ou comme cela mais, puisque que ce n'est pas le cas, ils se culpabilisent et ont honte.

Les humains se punissent indéfiniment, à défaut d'être ce qu'ils croient devoir être. Ils se maltraitent constamment, et se servent aussi des autres pour se faire du mal. Mais personne ne nous maltraite plus que nous-mêmes, car ce sont le Juge, la Victime et le système de croyances qui nous poussent à agir ainsi. Bien sûr, des gens diront que leur mari ou leur femme, leur père ou leur mère, leur ont infligé des mauvais traitements, mais vous savez comme moi que nous nous auto-maltraitons encore plus. La manière dont on se juge est la plus sévère qui soit. Lorsqu'on commet une erreur en présence d'autrui, on essaye de la cacher ou de la nier. Mais dès qu'on se retrouve seul, le Juge devient si puissant, la culpabilité si forte, que l'on se sent stupide, mauvais ou dénué de valeur.

Au cours de toute votre existence, personne ne vous a jamais davantage maltraité que vous-même. Et les limites que vous mettez à vos propres mauvais traitements envers vous-même sont exactement celles que vous tolérerez de la part d'autrui. Si quelqu'un vous maltraite un peu plus que vous-même, sans doute le fuirez-vous. Mais s'il le fait un peu moins que vous-mêmes, vous continuerez probablement cette relation et tolérerez cette situation indéfiniment.

Si vous vous maltraitez terriblement, vous pouvez même supporter quelqu'un qui vous bat, qui vous humilie et vous traite comme moins que rien. Pourquoi ? Parce que, dans votre système de croyance, vous vous dites : « *Je le mérite. Cette personne me fait une faveur d'être avec moi. Je ne suis pas digne d'amour et de respect. Je ne suis pas assez bon(ne).* »

On a besoin d'être accepté et aimé par autrui, mais on est incapable de s'accepter et de de s'aimer soi-même. Plus on a d'amour-propre, moins on se maltraite. Se maltraiter provient d'un rejet de soi, celui-ci résultant d'une image de la perfection à laquelle il est impossible de se conformer. L'idée qu'on se fait de la perfection est la raison du rejet de soi-même ; c'est à cause d'elle qu'on ne s'accepte pas tel qu'on est, ni les autres tels qu'ils sont.

## Prélude à un nouveau rêve

Vous avez conclu des milliers d'accords avec vous-mêmes, avec les autres, avec le rêve de votre vie, avec Dieu, avec la société, avec vos parents, votre conjoint, vos enfants. Mais les plus importants sont ceux que vous avez passés avec vous-mêmes. Au moyen de ces accords, vous vous dites qui vous êtes, ce que vous sentez, ce que vous croyez, et comment vous comporter. Le résultat est ce que vous appelez votre personnalité. Dans ces accords, vous dites : « *Voilà ce que je suis. Voilà ce que je crois. Il y a des choses que je peux faire, d'autres non. Ceci est la réalité, cela est imaginaire ; ceci est possible, cela impossible.* »

Un seul de ces accords ne pose guère de problèmes, mais nombreux sont ceux qui vous font souffrir et échouer dans la vie. Si vous voulez connaître une existence faite de joie et de plénitude, il vous faut trouver le courage de rompre ceux de vos accords qui sont fondés sur la peur, et revendiquer votre pouvoir personnel. Les accords dérivés de la peur nous font dépenser énormément d'énergie, tandis que ceux découlant de l'amour nous aident à conserver cette énergie et même à en avoir davantage.

Chacun d'entre nous est né avec une certaine quantité de pouvoir personnel que nous reconstruisons chaque jour en nous reposant. Malheureusement, nous épuisons tout ce pouvoir personnel à conclure nos accords puis à les tenir, de sorte que nous nous sentons impuissants. Nous avons tout juste assez d'énergie pour survivre chaque jour, car presque tout notre pouvoir sert à respecter les accords qui nous maintiennent dans le rêve de la planète. Comment pouvons-nous changer le rêve de notre vie alors que nous n'avons pas le pouvoir de modifier le plus infime de nos accords ?

Si nous sommes capables de voir que nos accords dirigent notre existence, et si nous n'aimons pas le rêve de notre vie, alors il nous faut changer ces accords. Quand nous serons enfin prêts à le faire, il existe **quatre accords toltèques** très puissants qui nous aideront à rompre les autres accords issus de la peur qui nous vident de notre énergie.

Chaque fois que vous rompez un accord, tout le pouvoir que vous avez mis à le créer vous revient. Si vous adoptez ces **quatre** nouveaux **accords toltèques**, ils produiront suffisamment de pouvoir personnel pour que vous puissiez changer toute la structure de vos anciens accords.

Il vous faut une volonté très forte pour adopter ces **quatre accords toltèques**, mais si vous parvenez à commencer à vivre avec eux, les transformations qui s'opéreront dans votre vie seront étonnantes. Vous verrez le drame de l'enfer disparaître sous vos yeux. Au lieu de vivre dans le cauchemar de l'enfer, vous créerez un nouveau rêve : votre rêve de paradis personnel.

# Le premier
# accord toltèque

## Que votre parole soit impeccable

Le **premier accord toltèque** est le plus important et aussi le plus difficile à honorer. Il est si important qu'à lui seul il vous permettra de transcender votre vie actuelle pour parvenir à ce niveau que j'appelle le paradis sur terre.

Le premier accord est : *que votre parole soit impeccable.* Voilà qui a l'air très simple, mais en réalité c'est très, très puissant. Pourquoi faire attention à votre parole ? Votre parole est votre pouvoir créateur. C'est un cadeau qui vous vient directement de Dieu. Le livre de la Genèse, dans la Bible, parlant de la Création de l'Univers, dit : «*Au commencement était la parole\*, et la parole était avec Dieu, et la parole était Dieu.*» La parole vous permet d'exprimer votre pouvoir créateur. C'est par elle que vous manifestez les choses. Quelle que soit votre façon de parler, votre intention se manifeste par la parole. Ce dont vous rêvez, ce que vous sentez et ce que vous êtes vraiment, tout cela se manifeste par la parole.

La parole n'est pas seulement un son ou un symbole écrit. C'est une force ; elle représente votre capacité à vous exprimer et à communiquer, à penser et donc à créer les événements de votre vie. Vous êtes capable de parler. Quel autre animal sur terre le peut ? La parole est votre outil le plus puissant en tant qu'être humain ; c'est un instrument magique. Mais comme une lame à double tranchant, votre parole peut créer les rêves les plus beaux ou tout détruire autour de vous. L'un de ses tranchants est son mauvais usage, qui peut concrétiser l'enfer ; l'autre est son usage impeccable qui crée la beauté, l'amour et le paradis

---

\*« *Logos* », tantôt traduit par « verbe », tantôt par « parole » (ndt).

38

sur terre. Selon la façon dont elle est utilisée, la parole peut vous libérer ou vous asservir plus que vous ne pouvez l'imaginer. Tout le pouvoir magique dont vous disposez réside en elle. Votre parole est de la magie pure et son mauvais usage de la magie noire.

La parole est si puissante qu'un seul mot peut changer une vie ou détruire l'existence de millions de personnes. Il y a quelques décennies, la parole d'un seul homme en Allemagne a manipulé toute une nation peuplée de gens très intelligents. Il les a conduits à la guerre, par la seule puissance de sa parole. Il a réussi à convaincre certains de commettre les actes de violence les plus atroces qui soient. Sa parole a réveillé les peurs des gens et, comme une immense explosion, les tueries et la guerre ont ravagé le monde entier. Partout des humains se sont entre-tués, parce qu'ils avaient peur les uns des autres. La parole d'Hitler, fondée sur des croyances et accords issus de la peur, restera dans les mémoires durant des siècles.

L'esprit humain est semblable à une terre fertile dans laquelle des graines sont continuellement semées : des opinions, des idées et des concepts. Vous plantez une graine, une pensée, et elle croît. La parole est une graine, et l'esprit humain est si fertile ! Malheureusement, il s'avère souvent très fertile pour les semences de la peur. Chaque esprit humain est fertile, mais seulement pour les graines pour lesquelles il est préparé. Il est donc important de découvrir le type de graines auxquelles notre esprit offre sa fertilité, et de le préparer à recevoir les semences de l'amour.

Prenez l'exemple d'Hitler : il a semé des graines de peurs qui se sont développées avec force et ont réussi à provoquer une destruction massive. En observant la puissance incroyable de la parole, nous devons comprendre qu'elle sort de notre bouche. Une peur, un doute semés dans notre esprit peuvent créer une succession dramatique d'événements. Un seul mot est comme un sort, et les humains utilisent la parole comme des magiciens noirs, se jetant en toute inconscience des sorts les uns aux autres.

Chaque être humain est un magicien. Par notre parole, nous pouvons soit jeter un sort à quelqu'un, soit l'en libérer. Exemple : je vois un ami et lui fais part d'une opinion : « *Tiens ! La couleur de ton visage est celle des gens qui vont avoir le cancer.* » S'il écoute cette parole et s'il est d'accord avec, il aura un cancer dans moins d'un an. Telle est la puissance de la parole.

Au cours de notre domestication, nos parents et frères et sœurs ont émis des opinions sur nous, sans même y réfléchir. Nous avons cru ces opinions et vécu dans la peur qu'elles véhiculaient, comme de ne pas être assez bon en natation, en sport ou en écriture.

Quelqu'un exprime une opinion : « *Regarde cette fille comme elle est moche !* ». La fille en question entend cela, croit qu'elle est laide et grandit avec l'idée qu'elle n'est pas belle. Peu importe qu'elle le soit ou non ; tant qu'elle est d'accord avec cette opinion, elle croira qu'elle est laide. Elle subit l'influence d'un sort.

Si elle réussit à capter notre attention, une parole peut pénétrer notre esprit et changer toute une croyance, en mieux ou en pire. Autre exemple : peut-être croyez-vous être stupide, et peut-être même le croyez-vous depuis toujours. Voilà un accord qui peut être vraiment vicieux et vous conduire à faire de nombreuses choses ne servant qu'à vous prouver votre stupidité. Vous effectuez quelque chose puis vous pensez : « *Si seulement j'étais intelligent…, mais je dois être stupide sinon je n'aurais jamais fait cela.* » Votre pensée s'agite dans tous les sens et vous pouvez passer des jours à être sous l'influence de cette croyance en votre propre stupidité.

Puis, un jour, quelqu'un capte votre attention et, par sa parole, vous fait découvrir que vous n'êtes pas stupide. Vous croyez cette personne et vous concluez un nouvel accord. Résultat : vous ne vous sentez plus stupide et vous n'agissez plus stupidement. Un sort est rompu, par la seule puissance de la parole.

Inversement, si vous croyez être stupide et que quelqu'un capte votre attention et vous dise : « *Oui, tu es vraiment la personne la plus stupide que j'aie jamais rencontrée* », l'accord initial sera renforcé et deviendra encore plus puissant.

**V**oyons maintenant ce que l'on entend par impeccabilité. Le mot **impeccable** vient du latin *pecatus*, qui signifie « *péché* » et du radical *im-* qui signifie « *sans* » ; impeccable signifie donc « *sans péché* ». Les religions parlent de péchés et de pécheurs, mais voyons de plus près ce que signifie vraiment pécher.

Un péché est quelque chose que vous commettez contre vous-même. Toute chose que vous sentez, croyez ou faites à l'encontre de vous-même est un péché. Vous agissez contre vous-même lorsque vous vous jugez ou critiquez pour n'importe quoi. Etre sans péché, c'est donc faire exactement l'inverse. Etre impeccable, c'est ne rien faire contre soi-même. Lorsque vous êtes impeccable, vous assumez la responsabilité de vos actions, mais vous ne vous jugez pas, vous ne vous critiquez pas.

Vu sous cet angle, tout le concept du péché est transformé : ce n'est plus quelque chose de moral ou de religieux, c'est une affaire de bon sens. Le péché commence avec le rejet de soi. Se rejeter soi-même est le plus grand péché que vous puissiez commettre. En termes religieux, le rejet de soi est un « *péché mortel* », puisqu'il conduit à la mort. Etre impeccable, en revanche, mène à la vie.

Pour que notre parole soit impeccable, il ne faut donc pas l'utiliser contre soi. Si je vous aperçois dans la rue et que je vous traite d'imbécile, il semble que je me serve de la parole contre vous. Mais en réalité je l'utilise contre moi, car vous allez me détester et votre haine ne me fera aucun bien. Donc, si je me mets en colère et que je vous envoie mon poison émotionnel par la parole, je l'utilise contre moi-même.

Si je m'aime, j'exprimerai cet amour dans mes interactions avec vous et ma parole sera impeccable, car cette manière d'agir produira une réaction similaire. Si je vous aime, vous m'aimerez. Si je vous insulte, vous m'insulterez. Si j'ai de la gratitude envers vous, vous en aurez envers moi. Si je suis égoïste avec vous, vous le serez avec moi. Si j'utilise ma parole pour vous jeter un sort, vous m'en jetterez aussi un.

Avoir une parole impeccable, c'est faire bon usage de votre énergie ; cela signifie que vous l'utilisez dans le sens de la vérité et de l'amour de vous-même. Si vous concluez cet accord avec vous-même, que votre parole soit impeccable, cette seule intention manifestera la vérité en vous et nettoiera tout le poison émotionnel qui subsiste en vous. Mais il est difficile de conclure cet accord parce que nous avons appris exactement l'inverse. Nous avons appris le mensonge comme mode de communication avec les autres et surtout avec nous-mêmes. Notre parole n'est pas impeccable.

Le mauvais usage de la puissance de la parole crée l'enfer. On l'utilise pour médire, pour critiquer, pour culpabiliser, pour détruire. Bien sûr, on s'en sert aussi de la bonne manière, mais pas très souvent. On l'uti-lise surtout pour répandre du poison personnel, pour exprimer la colère, la jalousie, l'envie et la haine. La parole est pure magie - c'est le plus puissant cadeau donné aux humains - et on l'utilise contre soi-même. On planifie sa revanche. On crée le chaos par la parole. On se sert des mots pour attiser la haine entre races, personnes, familles, nations différentes. Nous faisons un mauvais usage de la parole si fréquent que nous créons et perpétuons un cauchemar d'enfer. L'utilisation négative de la parole nous maintient les uns les autres au fond du gouffre, dans un état de peur et de doute. La parole étant de la magie et son mauvais usage de la magie noire, nous pratiquons la magie noire en permanence, sans réaliser le moins du monde que notre parole est magique.

Prenons l'exemple de cette femme intelligente et dotée d'un bon cœur. Elle avait une fille qu'elle adorait. Un soir, elle est rentrée chez elle après une très mauvaise journée de travail, fatiguée, remplie de tensions émotionnelles, avec un mal de tête abominable. Elle souhaitait un peu de paix et de calme, mais sa fille chantait et sautait joyeusement. Celle-ci ne se rendait pas compte de l'état dans lequel était sa mère ; elle jouait dans son propre monde, son propre rêve. Elle se sentait bien, elle sautait et chantait de plus en plus fort, exprimant toute sa joie et tout son amour. Elle chantait si fort qu'elle aggrava le mal de tête de sa mère qui, au bout d'un moment, perdit contrôle. En colère, elle regarda son adorable fille et lui dit : « *Tais-toi ! Tu as une voix horrible. Peux-tu simplement te taire ?* »

En réalité, c'est la tolérance de cette femme envers le moindre bruit qui était réduite à néant et non la voix de sa petite fille qui était horrible. Mais cette dernière a cru ce que sa mère lui avait dit, et, à cet instant, elle a conclu un accord avec elle-même. Après cet incident, elle n'a plus jamais chanté car elle croyait que sa voix était horrible et qu'elle dérangerait quiconque l'entendrait. Elle devint timide à l'école et, si on lui demandait de chanter, elle refusait. Même parler aux autres devint difficile pour elle. Tout changea dans la vie de cette petite fille à cause de ce nouvel accord : elle crut qu'elle devait réprimer ses émotions afin d'être acceptée et aimée.

Chaque fois que l'on écoute une opinion et qu'on la croit, on conclut un accord qui s'intègre à notre système de croyances. Cette petit fille grandit et, bien qu'elle eut une belle voix, elle ne chanta plus. Elle développa tout un complexe à cause d'un seul sort qui lui avait été jeté par celle qui l'aimait le plus : sa propre mère. Celle-ci ne s'est pas aperçue de ce qu'elle avait fait par sa parole. Elle n'était pas consciente d'avoir utilisé de la magie noire et d'avoir jeté un sort à sa fille. Elle ne connaissait pas la puissance de sa parole, et on ne peut donc la blâmer. Elle a agi comme sa mère, son père et les autres avaient agi envers elle-même, de diverses manières. Eux aussi faisaient mauvais usage de leur parole.

Combien de fois agit-on ainsi avec ses propres enfants ? On leur fait part d'opinions négatives, puis ils portent en eux cette magie noire durant des années et des années. Des gens qui nous aiment pratiquent de la magie noire contre nous, mais n'ont pas conscience de ce qu'ils font. C'est pourquoi il faut leur pardonner : ils ne savent pas ce qu'ils font.

Un autre exemple : vous vous réveillez le matin, vous sentant tout heureuse. Vous êtes envahie d'un sentiment merveilleux et vous passez une heure ou deux devant votre miroir à vous faire belle. Là-dessus, une de vos meilleures amies vous dit : « *Qu'est-ce qui t'arrive ? Tu as une de ces têtes ! Et regarde comment tu es habillée : tu as l'air ridicule.* » Et voilà : cela suffit à vous descendre droit en enfer. Peut-être que cette amie vous a-t-elle dit cela juste pour vous blesser. Et elle a réussi. Elle vous a transmis son opinion, soutenue par toute la puissance de sa parole. Si vous l'acceptez, vous concluez un nouvel accord et vous mettez alors votre propre pouvoir dans cette opinion. Celle-ci devient de la magie noire.

Ce genre de sort est difficile à briser. La seule chose qui puisse le rompre est de conclure un nouvel accord fondé sur la vérité. La vérité est ce qu'il y a de plus important si l'on veut que sa parole soit impeccable. D'un côté de l'épée se trouvent les mensonges qui créent de la magie noire, de l'autre la vérité qui a le pouvoir de rompre les sorts. Seule la vérité vous affranchira.

Observez les interactions humaines quotidiennes et rendez-vous compte du nombre de fois où nous nous jetons des sorts les uns aux autres par nos propos. Cette façon d'agir a fini par devenir la pire forme de magie noire, que l'on appelle la médisance, ou la propagation de rumeurs.

La médisance est la pire magie noire parce que c'est du poison pur. Nous avons appris cela en y donnant notre accord. Enfants, nous avons entendu les médisances permanentes des adultes autour de nous, exprimant ouvertement leurs avis sur autrui. Ils avaient même des opinions sur des personnes qu'ils ne connaissaient pas. Celles-ci s'accompagnaient de poison émotionnel, et nous avons appris que c'était là la manière normale de communiquer.

La médisance est devenue la principale forme de communication de la société humaine. C'est la façon dont on se sent proche les uns des autres, parce qu'on se sent mieux lorsqu'on voit quelqu'un se sentir aussi mal que soi. Une vieille expression dit que « *la misère aime la compagnie* », et les gens qui souffrent en enfer ne veulent pas rester seuls. La peur et la souffrance sont des composantes importantes du rêve de la planète ; ce sont les instruments qui maintiennent chacun tout en bas.

Si l'on compare l'esprit humain à un ordinateur, la propagation de rumeurs est l'équivalent d'un virus informatique. Ce genre de virus est une séquence informatique écrite dans le même langage que les autres codes, mais avec une intention négative. Ce code est inséré dans le programme de votre ordinateur quand vous vous y attendez le moins, et généralement sans même que vous en soyez conscient. Et votre ordinateur ne fonctionne plus correctement, voire même plus du tout, parce que tous ses codes s'embrouillent à force de messages contradictoires, de sorte qu'il ne peut plus rien en sortir de bon.

La médisance fonctionne exactement pareil. Par exemple, vous allez démarrer un cours avec un nouveau professeur ; cela fait longtemps que vous vous en réjouissez. Le premier jour, vous croisez quelqu'un ayant suivi ce cours avant vous qui vous dit : « *Oh, ce prof est un crétin tellement prétentieux ! Il ne connaissait même pas son sujet, et en plus c'est un pervers, alors fais gaffe !* »

Les mots et le code émotionnel des propos de cette personne s'impriment immédiatement en vous, mais vous n'êtes pas conscient de ce qui l'a poussée à vous parler ainsi. Peut-être est-elle en colère car elle a échoué à ce cours, ou peut-être prête-t-elle à ce professeur des intentions fondées sur la peur et les préjugés. Mais, ayant appris à ingurgiter ce genre d'informations depuis tout petit, une partie de vous croit cette rumeur, et vous allez suivre votre cours. A mesure que le professeur parle, vous sentez le poison monter en vous sans être conscient de voir ce professeur à travers les yeux de la personne qui vous a rapporté cette rumeur. Puis vous vous mettez à en parler à d'autres dans la classe, et eux aussi commencent à voir le professeur de la même manière ; comme un crétin et un pervers. Vous voilà détestant ce cours que vous décidez finalement d'interrompre. Vous accusez le professeur, mais la faute en revient à la médisance.

Tous ces ennuis peuvent être provoqués par un seul petit virus informatique. Un petit bout d'information mensongère peut détruire la communication entre deux êtres, infectant chaque personne qu'il rencontre et la rendant à son tour contagieuse. Imaginez que chaque fois que quelqu'un vous fait part d'une rumeur, il introduit un virus dans votre esprit, ce qui assombrit un peu plus la clarté de votre pensée. Puis imaginez que pour clarifier votre propre confusion et être soulagé de ce poison, vous propagez la rumeur, le virus, à quelqu'un d'autre.

Ensuite, imaginez ce processus se propageant sans fin à tous les humains sur terre. Le résultat est un monde rempli d'individus ne pouvant lire de l'information qu'à travers des circuits encrassés par des virus empoisonnés et contagieux. Une fois encore, ce virus empoisonné est ce que les Toltèques appellent le *mitote*, le chaos résultant de ces milliers de voix s'exprimant toutes à la fois dans votre esprit.

Il y a pire : les magiciens noirs ou « *pirates informatiques* » qui propagent délibérément des virus. Repensez à une fois où vous (ou une de vos connaissances) étiez en colère contre quelqu'un et vouliez votre revanche. Pour vous venger, vous avez dit quelque chose concernant cette personne, avec l'intention de répandre du poison et de faire en sorte que cette personne se sente mal. Enfant, on faisait cela sans y réfléchir, mais en grandissant on apprend à calculer soigneusement ses efforts pour détruire autrui. Puis on se ment à soi-même en disant que cette personne a reçu une juste punition pour ses mauvais agissements.

Lorsqu'on voit le monde à travers les yeux d'un virus informatique, il est facile de justifier le comportement le plus cruel. Ce que l'on ne voit pas, c'est que le mauvais usage de la parole nous enfonce chaque fois un peu plus profondément en enfer.

D urant des années nous avons subi les sorts et les médisances accompagnant la parole d'autrui, mais aussi ceux inhérents à notre manière de nous parler. On se parle en permanence, se disant des choses du style : « *Oh, j'ai l'air gros(se), je suis moche. Je vieillis, je perds mes cheveux. Je suis stupide, je ne comprends jamais rien. Je ne serai jamais assez bon(ne), et je ne serai jamais parfait(e).* » Vous voyez comment on utilise la parole contre soi ? Il nous faut commencer à comprendre ce qu'est la parole et ce qu'elle fait. Si vous comprenez le premier accord, que votre parole soit impeccable, vous verrez tous les changements qui peuvent se produire dans votre vie : des changements, tout d'abord, dans votre manière d'être avec vous-mêmes, et ensuite dans votre manière d'être avec les autres, surtout ceux que vous aimez le plus.

Réfléchissez au nombre de fois où vous avez médit de la personne qui vous est la plus chère, dans le seul but que les autres soutiennent votre point de vue. Combien de fois avez-vous capté l'attention d'autrui, puis répandu du poison sur celui ou celle que vous aimez, afin de conforter votre opinion ? Celle-ci n'est pourtant que votre point de vue. Elle n'est pas nécessairement vraie. Votre opinion résulte de vos croyances, de votre propre ego, et de votre propre rêve. Nous créons ce poison et le partageons avec autrui, simplement pour nous sentir bien selon notre propre point de vue.

Si nous concluons ce premier accord et que notre parole devient *impeccable*, nous éliminerons progressivement tout poison émotionnel de notre esprit et de nos relations personnelles, y compris avec notre chien ou notre chat.

Avoir une parole impeccable vous immunisera également contre tous les sorts négatifs d'autrui. Vous ne pouvez recevoir une idée négative que si votre esprit y est ouvert. En ayant une parole impeccable, votre esprit deviendra stérile pour les paroles issues de la magie noire. A la place, il deviendra fertile pour celles issues de l'amour.

Vous pouvez évaluer le degré auquel votre parole est impeccable à l'aulne de l'amour que vous avez pour vous-même. L'intensité de votre amour-propre et les sentiments que vous nourrissez envers vous sont directement proportionnels à la qualité et à l'intégrité de votre parole. Lorsque celle-ci est impeccable, vous vous sentez bien ; vous êtes heureux et en paix.

Vous pouvez transcender le rêve de l'enfer en concluant seulement ce premier **accord toltèque** : avoir toujours une parole impeccable. En ce moment même, je sème cette graine dans votre esprit. Elle croîtra ou non, selon le degré de fertilité de votre esprit aux semences d'amour. Il ne tient qu'à vous de conclure cet accord : *ma parole sera impeccable*. Nourrissez cette graine et, à mesure qu'elle se développera dans votre esprit, elle produira davantage de semences d'amour qui remplaceront celles de la peur. Ce premier accord modifiera le type de graines pour lequel votre esprit s'avérera fertile.

Que votre parole soit impeccable. Voilà le premier accord que vous devriez conclure si vous désirez être libre, si vous voulez être heureux, si vous souhaitez transcender le niveau d'existence correspondant à notre enfer quotidien. Il est très puissant. Servez-vous de la parole de façon appropriée. Utilisez la parole pour partager votre amour. Faites de la magie blanche, avec vous-même pour commencer. Dites-vous combien vous êtes formidable, combien vous êtes fabuleux. Dites-vous combien vous vous aimez. Servez-vous de la parole pour rompre tous les petits accords qui vous font souffrir.

C'est possible. C'est possible parce que je l'ai fait, et que je ne suis pas meilleur que vous. Non, nous sommes exactement pareils. Nous avons le même genre de cerveau, le même type de corps ; nous sommes humains. Si moi j'ai été capable de rompre ces accords et d'en conclure de nouveaux, vous aussi pouvez faire pareil. Si moi je peux faire en sorte que ma parole soit impeccable, pourquoi pas vous ? Ce seul accord peut changer toute votre vie. L'impeccabilité de la parole peut vous conduire à la liberté personnelle, à un succès immense et à l'abondance ; elle peut supprimer toute peur et la transformer en joie et en amour.

Imaginez un instant tout ce que vous pouvez créer en ayant une parole impeccable. Vous pouvez transcender le rêve de la peur et vivre une vie différente. Vous pouvez vivre au paradis au milieu de milliers de gens vivant en enfer, parce que vous êtes immunisé contre cet enfer. Vous pouvez atteindre le royaume des cieux avec ce seul accord : *que votre parole soit impeccable*.

# Le deuxième accord toltèque

## Quoi qu'il arrive, n'en faites pas une affaire personnelle

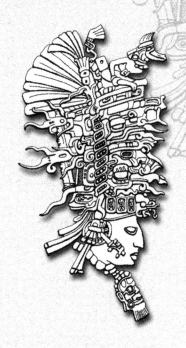

**L**es **trois accords toltèques** suivants découlent en réalité du premier. Le deuxième consiste, quoi qu'il arrive, *à ne jamais en faire une affaire personnelle.*

Quoi qu'il arrive autour de vous, n'en faites pas une affaire personnelle. En reprenant un exemple précédent, si je vous vois dans la rue et que je vous dis : « *Hé, espèce d'idiot !* », sans même vous connaître, ce que je dis ne vous concerne pas ; cela me concerne moi. Si vous en faites une affaire personnelle, vous allez peut-être croire que vous êtes idiot. Peut-être même vous demanderez-vous : « *Comment a-t-il deviné ? Est-il clairvoyant, ou est-ce que tout le monde voit à quel point je suis idiot ?* »

Vous faites une affaire personnelle de ce qui vous est dit parce que vous y donnez votre accord. Dès lors, le poison s'infiltre en vous et vous êtes piégé dans l'enfer. La raison pour laquelle vous vous faites piéger est ce que l'on appelle l' « *importance personnelle* », c'est-à-dire l'importance que l'on se donne. S'accorder de l'importance, se prendre au sérieux, ou faire de tout une affaire personnelle, voilà la plus grande manifestation d'égoïsme, puisque nous partons du principe que tout ce qui arrive nous concerne. Au cours de notre éducation, de notre domestication, nous apprenons à tout prendre pour soi. Nous pensons être responsables de tout. Moi, moi, moi, toujours moi !

Vous n'êtes aucunement responsable de ce que les autres font. Leurs actions dépendent d'eux-mêmes. Chacun vit dans son propre rêve, dans sa propre tête ; chacun est dans un monde totalement différent de celui dans lequel vous vivez. Lorsqu'on fait de tout une affaire personnelle, on part du principe que l'autre sait ce qu'il y a dans notre monde, et on essaie d'opposer notre monde au leur.

Même lorsqu'une situation paraît très personnelle, même lorsque vous vous faites insulter, cela n'a rien à voir avec vous. Ce que les gens disent, ce qu'ils font et les opinions qu'ils émettent dépendent seulement des accords qu'ils ont conclus dans leur propre esprit. Leur point de vue résulte de toute la programmation qu'ils ont subie au cours de leur domestication.

Si quelqu'un vous donne son opinion en disant : « *Qu'est-ce que tu as l'air gros !* », n'en faites pas une affaire personnelle, parce qu'en vérité cette personne est confrontée à ses propres sentiments, croyances et opinions. Elle essaie de vous envoyer du poison et si vous en faites une affaire personnelle, alors vous le recevez et vous vous l'appropriez. En faisant une affaire personnelle de tout ce qui vous arrive, vous devenez une proie facile pour tous les prédateurs, tous ceux qui pratiquent la magie noire à leur insu par leur parole. Ils peuvent facilement vous coincer avec une petite opinion de rien du tout, puis vous administrer tout le poison qu'ils veulent ; comme vous prenez tout personnellement, vous gobez tout. Vous ingurgitez toutes leurs ordures émotionnelles qui deviennent alors les vôtres. Mais si vous ne prenez rien personnellement, vous êtes protégé, tout en étant au beau milieu de l'enfer. L'immunité au poison, en plein enfer, est le cadeau que vous offre cet accord.

Lorsque vous faites une affaire personnelle de ce qui vous arrive, vous vous sentez offensé et votre réaction consiste à défendre vos croyances, ce qui provoque des conflits. Vous faites tout un plat d'un petit rien, parce que vous avez besoin d'avoir raison et de donner tort à autrui. Vous vous efforcez aussi de montrer que vous avez raison, en imposant votre opinion aux autres. De toutes façons, ce que vous ressentez et ce que vous faites ou dites n'est qu'une projection de votre propre rêve personnel. Tout cela dépend des accords que vous avez conclus ; ces opinions n'ont donc rien à voir avec moi.

Peu m'importe ce que vous pensez de moi, je n'en fais jamais une affaire personnelle. Quand les gens me disent « *Miguel, tu es le meilleur* », je n'en fais pas une affaire personnelle, et lorsqu'ils me disent « *Miguel, tu es le dernier des derniers* », je ne le prends pas non plus personnellement. Je sais que si vous êtes heureux vous me dites « *Miguel, tu es un ange !* », mais que si vous m'en voulez vous dites « *Oh, Miguel, tu es un monstre ! Tu es dégoûtant. Comment peux-tu dire des choses pareilles ?* » Dans un cas comme dans l'autre, cela ne m'affecte pas parce que je sais ce que je suis. Je n'ai pas besoin d'être accepté. Je n'ai pas besoin qu'on me dise « *Miguel, tu es vraiment bon !* » ni « *Comment oses-tu faire cela ?* »

Non, je ne prends rien de ce qui m'est dit ou de ce qui m'arrive de façon personnelle. Ce que vous pensez, ce que vous ressentez, c'est votre problème, pas le mien. C'est votre façon de voir le monde. Cela ne me touche pas personnellement, parce que vous n'êtes confronté qu'à vous-mêmes, pas à moi. D'autres auront une opinion différente, selon leur système de croyances ; donc, ce qu'ils pensent de moi ne concerne pas vraiment ma personne, mais eux-mêmes.

Vous pouvez même me dire : « *Miguel, ce que tu dis me blesse.* » Mais ce n'est pas ce que je vous dis qui vous blesse : ce sont vos propres plaies intérieures qui réagissent lorsqu'elles sont touchées par mes propos. Vous vous blessez vous-mêmes. Je ne peux en aucune manière prendre vos reproches personnellement. Ce n'est pas que je ne croie pas en vous ou que je ne vous fasse pas confiance, mais je sais que vous voyez le monde avec d'autres yeux que les miens, avec vos yeux. Vous créez toute une scène, tout un film dans votre esprit, dont vous êtes le metteur en scène, le producteur et l'acteur ou l'actrice principal(e). Tous les autres n'ont que des seconds rôles. C'est votre film.

Vous regardez ce film en fonction des accords que vous avez conclus dans votre vie. Votre point de vue vous est personnel. C'est votre vérité et celle de personne d'autre. Donc, si vous m'en voulez, je sais que vous n'êtes en réalité confronté qu'à vous-même. Je suis votre prétexte pour vous mettre en colère. Et cette colère est provoquée par votre peur. Si vous n'avez pas peur, il vous est impossible d'être irrité contre moi. Si vous n'avez pas peur, il n'est pas possible que vous me haïssiez. Si vous n'avez pas peur, vous ne serez pas jaloux ou triste. Si vous vivez sans peur, si vous aimez, ces émotions n'ont aucune place en vous. Et si vous ne ressentez aucune de ces émotions négatives, il est logique que vous vous sentiez bien. Lorsque vous vous sentez bien, tout ce qu'il y a autour de vous est bien. Et quand tout ce qui vous entoure est bien, tout vous rend heureux. Vous aimez toute chose, parce que vous vous aimez vous-même. Parce que vous vous appréciez tel que vous êtes. Parce que vous êtes satisfait de vous-même. Parce que vous êtes content de votre vie. Vous êtes heureux du film que vous produisez, heureux des accords conclus dans votre existence. Vous êtes en paix et content. Vous vivez dans un état de bonheur où tout est merveilleux, où tout est beau. Dans cet état de bonheur, vous faites l'amour en permanence avec tout ce que vous percevez.

Quoi que les gens fassent, quoi qu'ils ressentent, qu'ils disent ou pensent, n'en faites pas une affaire personnelle. S'ils vous disent combien vous êtes merveilleux, ce n'est pas à cause de vous. Vous savez déjà que vous êtes merveilleux. Il n'est donc pas nécessaire de croire ceux qui vous le disent. Ne prenez pas la moindre chose qui vous arrive de façon personnelle. Même si quelqu'un prenait un fusil et vous tirait une balle dans la tête, ce ne serait pas personnel. Même dans ce cas extrême.

Même les opinions que vous avez sur vous ne sont pas nécessairement vraies ; donc, vous n'êtes pas obligé de réagir personnellement à ce que vous vous dites dans votre tête. L'esprit peut se parler à lui-même, mais il peut aussi entendre des informations provenant d'autres sources. Parfois vous entendez une voix dans votre tête et vous vous demandez d'où elle vient. Elle peut provenir d'une autre réalité dans laquelle se trouvent des êtres vivants très semblables aux humains. Les Toltèques les appellent les Alliés. En Europe, en Afrique et en Inde, on les appelle les Dieux.

Notre esprit existe aussi au niveau des Dieux. Il vit également dans cette réalité et peut la percevoir. L'esprit voit grâce à nos yeux, et il perçoit la réalité du monde éveillé ; mais il voit et perçoit également sans les yeux, bien que notre raison ne soit guère consciente de ces perceptions-là. L'esprit vit dans plusieurs dimensions. Par moments, vous avez des idées dont l'origine n'est pas votre esprit, mais vous les percevez grâce à lui. Et vous avez le droit de croire ou de ne pas croire ces voix, et le droit de ne pas faire une affaire personnelle de ce qu'elles vous disent. Nous avons le choix de croire ou non ce que ces voix nous disent, tout comme nous avons le choix de croire le rêve de la planète et de lui donner notre accord.

L'esprit peut aussi se parler et s'écouter lui-même. Il est aussi divisé que le corps l'est. De même que vous pouvez dire : « *J'ai une main avec laquelle, et je peux serrer l'autre et la sentir* », l'esprit peut aussi parler à diverses parties de lui-même. Une partie s'exprime et l'autre écoute. Cela devient un problème lorsque les milliers de parties de votre esprit parlent toutes ensemble, cela devient un problème. On appelle cela le *mitote*, vous vous rappelez ?

Le *mitote* est comme un immense marché sur lequel des milliers de personnes parlent et marchandent en même temps. Chacune a des pensées et sentiments différents ; chacune a son propre point de vue. Et la programmation de notre esprit, tous les accords que nous avons conclus, comporte beaucoup d'incompatibilités. Chaque accord est comme un seul être vivant séparé ; il a sa propre personnalité et sa propre voix. Il y a donc des accords contradictoires qui entrent en conflit les uns avec les autres, en permanence, jusqu'à créer une immense guerre dans notre esprit. C'est à cause du *mitote* que les humains ne savent plus ce qu'ils veulent, ni comment et quand ils le veulent. Ils ne sont plus d'accord avec eux-mêmes parce que certaines parties d'eux veulent une chose, tandis que d'autres parties veulent exactement l'inverse.

Une partie de votre esprit s'oppose à certaines pensées et actions, alors qu'une autre soutient les actes provoqués par des pensées contraires. Tous ces petites entités entretiennent le conflit intérieur parce qu'elles sont vivantes et ont toutes leur voix. Ce n'est donc qu'en faisant l'inventaire des accords que nous avons conclus que nous mettrons en lumière tous nos conflits intérieurs et que nous ferons de l'ordre dans le chaos du *mitote*.

Quoi qu'il arrive, n'en faites pas une affaire personnelle, parce qu'en prenant les choses personnellement vous vous programmez à souffrir pour rien. Les humains ont tous un certain degré de dépendance à un certain niveau de souffrance, et nous nous encourageons les uns les autres à entretenir ces dépendances. Les humains sont d'accord de s'aider mutuellement à souffrir. Si vous avez besoin qu'on vous maltraite, vous trouverez facilement quelqu'un pour le faire. De même, si vous vous trouvez en compagnie de gens ayant besoin de souffrir, quelque chose en vous vous poussera à les maltraiter. C'est comme s'ils portaient une pancarte dans leur dos où il est écrit : « *Faites-moi mal, s'il-vous-plaît* ». Ils cherchent une justification à leur souffrance. Leur dépendance à la souffrance n'est en fait qu'un accord qu'ils renforcent chaque jour.

Où que vous alliez, vous découvrirez des gens qui vous mentent et, à mesure que votre conscience augmentera, vous vous rendrez compte que vous vous mentez également à vous-mêmes. Ne vous attendez pas à ce que les gens vous disent la vérité, car ils se mentent aussi à eux-mêmes. Vous devez vous faire confiance et choisir de croire ou non ce que l'on vous dit.

Lorsqu'on voit vraiment comment sont les gens, sans jamais réagir de façon personnelle, rien de ce qu'ils peuvent dire ou faire ne peut nous blesser. Même si l'on vous ment, cela ne fait rien. Celui qui agit ainsi le fait parce qu'il a peur. Peur que vous découvriez qu'il n'est pas parfait. C'est douloureux de retirer son masque social.

Lorsque les gens disent une chose et en font une autre, c'est vous mentir que de ne pas écouter leurs actes. Mais si vous êtes honnête envers vous-même, vous vous épargnerez beaucoup de douleur émotionnelle. Certes, accepter la vérité sur quelque chose ou quelqu'un peut s'avérer douloureux, mais il n'est pas nécessaire de vous attacher à cette douleur. La guérison est en chemin et ce n'est qu'une affaire de temps avant que votre situation ne s'améliore.

Si quelqu'un ne vous traite pas avec amour et respect, prenez comme un cadeau qu'il vous quitte un jour. S'il ne le fait pas, vous passerez certainement des années à souffrir avec lui (ou elle). La séparation sera douloureuse pendant quelque temps, mais votre cœur guérira. Puis vous pourrez choisir ce que vous voulez. Vous découvrirez que vous avez besoin de faire confiance moins aux autres qu'à votre propre capacité à effectuer de bons choix.

Quand vous aurez pris l'habitude de ne jamais faire une affaire personnelle de ce qui vous arrive, vous vous éviterez de nombreux problèmes dans votre vie. Votre colère, votre jalousie et votre envie disparaîtront, et même votre tristesse s'en ira, si vous ne prenez rien personnellement.

Si vous parvenez à transformer en habitude ce second accord, vous découvrirez que rien ne peut plus vous replonger en enfer. Une immense liberté vous échoit lorsque vous ne prenez plus rien personnellement. Vous êtes immunisé contre les magiciens noirs ; aucun sort ne peut vous affecter, aussi puissant soit-il. Le monde entier peut vous calomnier : du moment que vous n'en faites pas une affaire personnelle, vous êtes immunisé. Quelqu'un peut délibérément vous envoyer du poison émotionnel, mais si vous ne le prenez pas personnellement, vous ne l'ingurgiterez pas. Et si vous refusez ce poison, c'est celui qui vous l'envoie qui s'en trouvera encore plus mal, mais pas vous.

Vous voyez à quel point cet accord est important ? En ne faisant jamais une affaire personnelle de ce qui vous arrive, vous pouvez rompre de nombreuses habitudes et routines qui vous piègent dans le rêve de l'enfer, provoquant des souffrances inutiles. Rien qu'en appliquant ce deuxième accord, vous commencerez à briser des dizaines de petits accords qui vous font souffrir. Et si vous mettez en pratique les deux premiers **accords toltèques**, vous romprez soixante-quinze pour cent de ces micro-accords qui vous enferment dans le rêve de l'enfer.

Ecrivez cet accord sur un bout de papier et collez-le sur votre réfrigérateur pour vous en souvenir en permanence : Quoi qu'il arrive, n'en faites jamais une affaire personnelle.

Au fur et à mesure que vous prendrez l'habitude de cet accord, vous n'aurez plus besoin de faire confiance à ce que les gens disent ou font. Il vous suffira d'avoir confiance en votre capacité à effectuer des choix responsables. Vous n'êtes jamais responsable des actions d'autrui ; seulement de vous-mêmes. Lorsque vous comprenez vraiment cela et que vous refusez de prendre quoi que ce soit personnellement, les commentaires et actions des gens ne peuvent pour ainsi dire plus vous blesser.

Si vous respectez cet accord, vous pouvez voyager dans le monde entier, le cœur totalement ouvert, et personne ne peut vous blesser. Vous pouvez dire « *je t'aime* » sans crainte du ridicule ou du rejet. Vous pouvez demander ce dont vous avez besoin. Vous pouvez dire « *oui* » ou « *non* », selon ce que vous choisissez, sans culpabilité ni jugement de soi. Vous pouvez choisir de toujours suivre votre cœur. Alors, même au milieu de l'enfer, vous continuerez de vivre dans la paix intérieure et le bonheur. Vous pouvez demeurer dans un état de félicité, et l'enfer n'aura aucune prise sur vous.

# Le troisième
# accord toltèque

## Ne faites pas de suppositions

L/e **troisième accord toltèque** est de *ne pas faire de suppositions.*

Nous avons tendance à faire des suppositions à propos de tout. Le problème est que nous croyons ensuite qu'elles sont la vérité. Nous serions prêt à jurer qu'elles sont vraies. Nous faisons des suppositions sur ce que les autres font ou pensent, fort de quoi nous en faisons une affaire personnelle, puis nous leur en voulons et nous leur communiquons du poison émotionnel par nos propos. Voilà pourquoi chaque fois qu'on fait des suppositions, qu'on prête des intentions à autrui, on crée des problèmes. Nous faisons des suppositions quant aux raisons d'agir d'autrui, nous les interprétons de travers, nous en faisons une affaire personnelle, et nous finissons par créer tout un drame pour rien du tout.

Toute la tristesse et les drames auxquels vous avez été confrontés dans votre vie proviennent de cette habitude de faire des suppositions, de prêter des intentions à autrui et de prendre les choses personnellement. Le rêve de l'enfer tout entier découle de ces comportements.

Rien qu'en faisant des suppositions et en prenant tout ce qui nous arrive personnellement, nous créons énormément de poison émotionnel, parce qu'ensuite nous médisons sur la base de ces suppositions. Souvenez-vous : la médisance est notre manière de communiquer dans le rêve de l'enfer, en échangeant du poison les uns avec les autres. Comme on a peur de demander des explications, on prête des intentions à autrui, on fait des suppositions que l'on croit être vraies ; puis, on défend ces suppositions et on donne tort à l'autre.

66

Il vaut toujours mieux poser des questions que de faire des suppositions, parce que celles-ci nous programment à souffrir.

Le grand *mitote* qui encombre l'esprit humain provoque beaucoup de chaos et nous conduit à tout comprendre et interpréter de travers. On ne voit et entend que ce que l'on veut bien voir et entendre. On ne perçoit pas les choses telles qu'elles sont. On prend l'habitude de rêver sans lien avec la réalité. On rêve littéralement les choses dans notre imagination. Lorsque nous ne comprenons pas une chose, nous faisons une supposition quant à sa signification, et, lorsque la vérité se fait jour, la bulle de notre rêve éclate, et nous découvrons que les choses n'étaient pas du tout comme nous le pensions.

Exemple : vous êtes dans un centre commercial et vous apercevez une personne que vous aimez bien. Celle-ci vous regarde et vous sourit, puis s'en va. Cette scène se prête à de nombreuses suppositions. Celles-ci peuvent déboucher sur tout un scénario imaginaire. Vous allez vous mettre à croire ce que vous imaginez et à vouloir le rendre réel. Tout un rêve va prendre naissance à partir des intentions que vous prêtez à cette personne et vous pouvez croire : « *Ahh, elle m'aime beaucoup* ». Partant de ce présupposé, une relation commence à se construire dans votre tête. Peut-être même allez-vous jusqu'à imaginer un mariage. Mais cette histoire imaginaire n'existe que dans votre tête, dans votre rêve personnel.

Faire des suppositions à propos de nos relations est le moyen sûr de s'attirer des problèmes. Par exemple, nous supposons généralement que notre partenaire sait ce que nous voulons ; nous croyons donc ne pas avoir besoin de le lui dire. Nous pensons qu'il va faire ce que nous désirons, parce qu'il nous connaît bien. Et s'il ne le fait pas, nous nous sentons blessé et lui reprochons : « *Tu aurais dû le savoir.* »

Autre exemple : vous décidez de vous marier et vous supposez que votre partenaire considère le mariage de la même façon que vous. Puis vous commencez à vivre ensemble et vous découvrez que tel n'est pas le cas. Il en résulte beaucoup de conflits, mais vous continuez de ne pas clarifier vos sentiments à propos du mariage.

Le mari rentre à la maison après son travail, sa femme est fâchée, mais il ne sait pas pourquoi. Peut-être sa femme lui a-t-elle prêté certaines intentions. Sans rien lui dire de ce qu'elle voulait, elle a supposé qu'il la connaissait assez pour savoir ce qu'elle désirait, comme s'il pouvait lire dans son esprit. Elle est donc irritée parce qu'il n'a pas comblé pas ses attentes.

Les suppositions que nous faisons concernant nos relations provoquent beaucoup de bagarres, de difficultés, d'incompréhensions avec des gens que nous sommes censés aimer.

Dans chaque relation on peut se laisser aller à supposer que les autres savent ce que nous pensons sans avoir à formuler nos besoins. Ils vont faire exactement ce que nous voulons parce qu'ils nous connaissent bien. Et s'ils ne le font pas, nous en sommes blessés et pensons : « *Comment peuvent-ils faire une chose pareille ? Ils devraient quand même savoir.* » Ainsi un drame se produit parce qu'on fait une supposition, avant d'en empiler d'autres par dessus.

Il est très intéressant de voir comment l'esprit humain fonctionne. Nous avons besoin de tout justifier, de tout expliquer, de tout comprendre, afin de nous rassurer. Il y a des millions de questions auxquelles nous cherchons les réponses, car il y a tant de choses que notre esprit rationnel ne peut expliquer. Peu importe que la réponse soit correcte ; le seul fait de trouver une réponse nous rassure. C'est pour cela que nous faisons des suppositions.

Les gens nous disent une chose : nous faisons des suppositions sur ce que sont leurs motivations. Ils ne nous disent rien ? Nous faisons alors d'autres suppositions destinées à combler notre besoin de savoir et à remplacer celui de communiquer. Même lorsqu'on entend quelque chose qu'on ne comprend pas, on fait des suppositions sur ce que cela signifie, puis on les croit. Nous ne cessons de supposer, parce que nous n'avons pas le courage de poser des questions.

La plupart du temps ces suppositions sont effectuées très vite et inconsciemment, parce que nos accords nous incitent à communiquer de cette manière. L'un d'eux stipule qu'il est dangereux de poser des questions : un autre dit que si les autres nous aiment, ils doivent savoir ce que nous voulons et comment nous nous sentons. Et, du moment qu'on croit quelque chose, on part du principe qu'on a raison, au point qu'on est prêt à détruire une relation pour défendre sa position.

On suppose que tout le monde voit la vie comme nous la voyons. On suppose que les autres pensent comme nous pensons, qu'ils ressentent les choses comme nous les ressentons, qu'ils jugent comme nous jugeons. Voilà la supposition la plus importante que font les humains. C'est la raison pour laquelle nous craignons d'être nous-mêmes avec les autres, car nous pensons qu'ils vont nous juger, nous maltraiter et nous critiquer, comme nous le faisons nous-mêmes. C'est pourquoi, avant même que les autres puissent nous rejeter, nous nous sommes déjà rejetés nous-mêmes. Voilà comment fonctionne l'esprit humain.

On fait également des suppositions sur soi-même, ce qui provoque beaucoup de conflits intérieurs : « *Je pense que je suis capable de faire telle chose.* » Vous supposez cela, puis vous découvrez que ce n'est pas le cas. Vous vous surestimez ou vous vous sous-estimez tout le temps, parce que vous ne prenez pas le temps de vous poser des questions et d'y répondre. Peut-être vous faut-il en savoir davantage sur telle situation ? Ou peut-être devez-vous arrêter de vous mentir sur ce que vous voulez vraiment.

Souvent, lorsque vous démarrez une relation avec quelqu'un que vous aimez, vous devez le justifier. Vous ne voyez en lui que ce que vous voulez bien voir, et vous niez l'existence d'aspects que vous n'aimez pas. Vous vous mentez à vous-même afin de vous donner raison. Puis vous faites des suppositions, l'une d'entre elles étant : « *Mon amour va transformer cette personne* ». Mais ce n'est pas vrai. Votre amour ne changera personne. Si les autres se transforment, c'est parce qu'ils veulent changer et non parce que vous en avez le pouvoir. Puis un incident se produit entre vous deux, et vous vous sentez blessé. Vous voyez tout d'un coup ce que vous refusiez de voir avant, désormais amplifié par votre poison émotionnel. Il vous faut maintenant justifier votre douleur émotionnelle en rendant l'autre responsable de vos choix.

On n'a pas à justifier l'amour ; l'amour est présent ou il ne l'est pas. L'amour véritable consiste à accepter les autres tels qu'ils sont sans essayer de les changer. Si nous essayons de les changer, cela signifie qu'on ne les aime pas vraiment. C'est pourquoi, de toute évidence, si vous décidez de vivre avec quelqu'un, si vous voulez conclure cet accord, il est préférable de le faire avec celui ou celle qui est exactement tel que vous le souhaitez. Trouvez quelqu'un que vous n'ayez pas à changer. Il est beaucoup plus facile de dénicher quelqu'un qui soit déjà comme vous le souhaitez, plutôt que de vouloir le changer. De même, cette personne doit aussi vous aimer tel que vous êtes, sans avoir besoin de vous changer. Si elle a le sentiment qu'elle doit vous transformer, cela signifie qu'elle ne vous aime pas vraiment. Alors pourquoi rester avec quelqu'un, si vous n'êtes pas comme il ou elle le souhaite ?

Il faut pouvoir être qui l'on est, de façon à ne pas avoir à créer de fausse image de soi. Si vous m'aimez tel que je suis : « *OK, prenez-moi.* » Si vous ne m'aimez pas comme je suis : « *Alors, au revoir. Trouvez quelqu'un d'autre.* » Cela peut vous sembler dur, et pourtant ce mode de communication signifie que les accords conclus avec autrui sont clairs et impeccables.

Essayez simplement d'imaginer le jour où vous arrêterez de prêter des intentions à votre partenaire, puis à toutes les autres personnes présentes dans votre vie. Votre manière de communiquer changera complètement et vos relations ne souffriront plus des conflits engendrés par des hypothèses erronées.

Le meilleur moyen de vous empêcher de faire des suppositions est de poser des questions. Vérifiez que vos communications soient claires. Si vous ne comprenez pas, demandez. Ayez le courage de poser des questions jusqu'à ce que tout soit aussi clair que possible, et même alors, ne pensez pas que vous savez tout ce qu'il y a à savoir sur telle situation. Lorsque vous aurez obtenu la réponse désirée, alors vous n'aurez plus besoin de faire des suppositions car vous saurez la vérité.

Utilisez votre voix pour demander ce que vous voulez. Chacun a le droit de vous dire « *oui* » ou « *non* », et vous-même avez toujours le droit de demander. Inversement, tout le monde peut vous interroger, et vous avez la possibilité de dire « *oui* » ou « *non* ».

Si vous ne comprenez pas quelque chose, il vaut mieux poser une question et être au clair plutôt que de faire des suppositions ou de prêter des intentions à autrui. Le jour où vous cesserez de le faire, vous communiquerez de façon propre et claire, libre de tout poison émotionnel. Si vous ne faites plus de suppositions, votre parole devient impeccable.

En communiquant clairement, toutes vos relations vont changer, non seulement avec votre partenaire, mais avec tout le monde. Vous n'aurez plus besoin de faire de suppositions, car tout deviendra clair. « *Voici ce que je veux ; voilà ce que vous voulez.* » Si nous communiquons ainsi, notre parole devient impeccable. Si tous les humains communiquaient de la sorte, avec une parole impeccable, il n'y aurait ni guerre, ni violence, ni incompréhension. Tous les problèmes humains se régleraient si nous avions simplement une communication claire et bonne.

Voilà donc quel est le **troisième accord toltèque** : ne faites aucune supposition. Formulé ainsi, cela semble facile, mais je suis conscient combien c'est difficile à mettre en œuvre. La difficulté provient de ce qu'on fait généralement l'inverse. On a tous des habitudes dont on n'est même pas conscient. Les amener à la conscience et comprendre l'importance de cet accord est donc le premier pas à franchir. Mais la compréhension n'est pas suffisante. Une information ou une idée ne sont que des graines dans notre esprit. Ce qui va vraiment faire la différence, c'est l'action. Le fait de mettre une chose en pratique, jour après jour, renforce votre volonté, nourrit la graine et établit des fondements solides pour que se développe une nouvelle habitude. Après de nombreuses répétitions, ce nouvel accord deviendra une deuxième nature, et vous verrez la façon dont la magie de votre parole vous transformera de magicien noir en mage blanc.

Un mage blanc utilise la parole pour créer, donner, partager et aimer. En concluant ce seul accord, toute votre vie sera transformée.

Lorsque vous modifiez votre rêve, la magie arrive dans votre vie. Ce dont vous avez besoin vient à vous sans peine, car l'esprit se meut librement en vous. C'est ce que l'on appelle la maîtrise de l'intention, la maîtrise de l'esprit, la maîtrise de l'amour, la maîtrise de la gratitude, et la maîtrise de la vie. Voilà le but des Toltèques. Voilà le chemin qui conduit à la liberté personnelle.

# Le quatrième accord toltèque

## Faites toujours de votre mieux

Il ne reste plus qu'**un seul accord**, mais c'est celui qui transforme progressivement les trois autres en habitudes solidement ancrées en nous. Le **quatrième accord** concerne l'application des trois premiers : *faites toujours de votre mieux*.

Quelles que soient les circonstances, faites toujours de votre mieux, ni plus, ni moins. Mais rappelez-vous que votre mieux ne sera jamais pareil même d'une fois à l'autre. Tout est vivant, tout change constamment, par conséquent votre mieux sera parfois à un haut niveau et d'autres fois à un moins bon niveau. Les matins où vous vous réveillez frais et débordant d'énergie, votre mieux sera meilleur que lorsque vous êtes fatigué en fin de soirée. Il sera aussi différent selon que vous êtes en bonne santé ou malade, sobre ou ivre. Votre mieux variera selon que vous êtes en pleine forme et heureux, ou irrité, en colère, ou encore jaloux.

Selon votre humeur, votre mieux peut changer d'un instant à l'autre, d'une heure à la suivante, d'un jour au lendemain. Il évoluera aussi au fil du temps. Lorsque vous prendrez l'habitude de mettre en pratique ces nouveaux accords, votre mieux deviendra encore meilleur qu'il n'était.

Indépendamment de toute évaluation qualitative, continuez à faire de votre mieux : ni plus ni moins. Si vous vous acharnez à vouloir faire davantage que votre mieux, vous dépenserez plus d'énergie qu'il n'en faut et en fin de compte votre mieux s'avérera insuffisant. Lorsque vous en faites trop, vous vous videz de votre énergie et vous agissez contre vous-même, avec pour conséquence qu'il vous faut davantage de temps pour atteindre votre but. Mais si vous faites moins que votre mieux, vous vous exposez aux frustrations, au jugement personnel, à la culpabilité et aux regrets.

Faites donc simplement de votre mieux, quelles que soient les circonstances de votre vie. Peu importe que vous soyez fatigué ou malade, si vous faites toujours de votre mieux, il vous est impossible de vous juger. Et si vous ne vous jugez pas, il n'est pas possible de subir la culpabilité, la honte et l'auto-punition. En faisant toujours de votre mieux, vous romprez un grand sort auquel vous avez été soumis.

Il était une fois un homme qui voulait transcender sa souffrance. Il se rendit à un temple bouddhiste pour trouver un Maître qui puisse l'aider. Quand il trouva le Maître, il lui demanda : « *Maître, si je médite quatre heures par jour, combien de temps me faudra-t-il pour atteindre la transcendance ?* »

Le Maître le regarda et lui dit : « *Si tu médites quatre heures par jour, peut-être parviendras-tu à transcender ton existence dans dix ans.* »

Convaincu qu'il pouvait faire mieux que cela, l'homme lui demanda : « *Oh, Maître, et si je méditais huit heures par jour, combien de temps cela me prendrait-il ?* »

Le Maître le regarda et lui répondit : « *Si tu médites huit heures par jour, il te faudra probablement vingt ans.* »

« *Mais pourquoi cela me prendrait-il plus longtemps si je médite plus ?* » interrogea l'homme.

Le Maître lui répondit : « *Tu n'es pas là pour sacrifier ta joie ni ta vie. Tu es là pour vivre, pour être heureux et pour aimer. Si tu fais de ton mieux en méditant deux heures, mais que tu y consacres huit heures à la place, tu ne feras que te fatiguer, tu passeras à côté de ton objectif et tu n'apprécieras pas ton existence. Fais de ton mieux, et peut-être apprendras-tu que, peu importe la durée de ta méditation, tu peux vivre, aimer et être heureux.* »

Si vous faites de votre mieux, vous vivrez votre existence intensément. Vous serez productif, vous serez bon envers vous-mêmes, parce que vous vous donnerez à votre famille, à votre communauté, à toute chose. C'est dans l'action que vous serez intensément heureux. Lorsque vous faites toujours de votre mieux, vous passez à l'action. Faire de votre mieux signifie agir parce que vous en avez envie, et non parce que vous en attendez une récompense. La plupart des gens font exactement l'inverse : ils n'agissent que lorsqu'ils espèrent une récompense, ne prenant aucun plaisir à ce qu'ils font. Voilà pourquoi ils ne font pas de leur mieux.

Par exemple, la plupart des gens vont chaque jour au travail en ne pensant qu'au jour de paie et à l'argent que leur travail va leur rapporter. Ils attendent avec impatience le vendredi ou le samedi, selon le jour où ils sont payés et où ils peuvent prendre du temps pour eux. Ils ne travaillent que pour la récompense et, du coup, font de la résistance. Ils essayent d'éviter d'agir et, par conséquent, ne font pas de leur mieux.

Ils travaillent dur toute la semaine, peinant à leur tâche, subissant leur activité, non parce qu'ils le veulent, mais parce qu'ils pensent y être obligés. Ils doivent travailler pour payer leur loyer et subvenir aux besoins de leur famille. Ils vivent donc avec toute cette frustration et, lorsqu'ils reçoivent enfin leur argent, ils sont malheureux. Ils ont deux jours de repos pour faire ce qu'ils veulent, mais que font-ils ? Ils essaient de s'évader. Ils se saoulent parce qu'ils ne s'aiment pas. Ils n'aiment pas leur vie. On se fait du tort de multiples manières lorsqu'on n'aime pas qui l'on est.

Inversement, si vous agissez simplement pour le plaisir d'agir, sans attendre de récompense, vous découvrirez que vous apprécierez tout ce que vous ferez. Vous en serez récompensé, mais vous ne serez plus attaché à la récompense. Vous pourriez même obtenir plus pour vous-même que vous ne l'auriez imaginé sans attendre de récompense. Si on aime ce qu'on fait, si on fait constamment de son mieux, alors on jouit pleinement de la vie. On s'amuse, on ne s'ennuie pas, on n'est pas frustrés.

Lorsque vous faites de votre mieux, vous ne laissez aucune chance à votre Juge intérieur de vous culpabiliser ou de vous critiquer. Si vous avez fait de votre mieux et qu'il essaie de vous juger selon le Livre de la Loi, vous savez quoi répondre : « *J'ai fait de mon mieux.* » Vous n'avez aucun regret. Voilà pourquoi on doit toujours agir pour le mieux. Ce n'est pas un accord facile à conclure et à respecter, mais il va vraiment vous libérer.

Lorsque vous faites de votre mieux, vous apprenez à vous accepter. En étant conscient vous pouvez apprendre de vos erreurs. Cela signifie vous exercer, regarder honnêtement les résultats de vos actions, et continuer de vous exercer. Ceci accroit votre conscience.

Vous n'avez pas l'impression de travailler dur, en faisant de votre mieux, parce que vous prenez plaisir à ce que vous faites. Vous savez que vous agissez pour le mieux lorsque vous appréciez les activités auxquelles vous vous adonnez ou que vous les accomplissez de telle sorte qu'il n'en résulte aucune conséquence négative pour vous. Vous faites de votre mieux parce que vous le voulez, et non parce qu'il le faut, ni pour essayer de faire plaisir au Juge, ni à qui que ce soit d'autre.

Si vous entreprenez une action parce que vous le devez, il est impossible de l'effectuer au mieux. Alors autant ne pas la faire. Non, faites de votre mieux parce qu'agir ainsi vous rend heureux. Lorsque vous le faites simplement pour le seul plaisir que vous y trouvez, vous n'agissez que parce que vous aimez cela.

Etre dans l'action, c'est vivre pleinement. L'inaction est notre manière de nier la vie. L'inaction, c'est rester assis devant la

télévision chaque jour pendant des années, parce que vous avez peur d'être vivant et de prendre le risque d'exprimer qui vous êtes. C'est passer à l'action que d'exprimer qui vous êtes. Vous pouvez avoir beaucoup de grandes idées dans votre tête, mais ce qui fait la différence c'est le passage à l'acte. Si vous ne passez pas à l'action pour concrétiser vos idées, il n'y aura aucune manifestation, aucun résultat, et aucune récompense.

L'histoire de Forrest Gump en fournit un bon exemple. Il n'avait pas de grandes idées, mais il passait tout de suite à l'acte. Il était heureux parce qu'il faisait toujours de son mieux, quelle que fût son activité. Il a été richement récompensé alors qu'il n'attendait rien.

Agir, c'est être vivant. C'est prendre le risque de sortir de votre coquille et d'exprimer votre rêve. Ce n'est pas la même chose que d'imposer son rêve à autrui, car chacun a le droit d'exprimer son rêve.

Toujours faire de son mieux. C'est une excellente habitude à développer que de toujours faire de son mieux. Je fais de mon mieux dans tout ce que je fais et vis. Faire de mon mieux est devenu un rituel dans ma vie, car j'ai fait le choix d'en faire un rituel. C'est une croyance, comme d'autres croyances que j'ai choisies. Je fais de chaque chose un rituel, et je fais toujours de mon mieux. Prendre une douche est un rituel pour moi, et j'en profite pour dire à mon corps combien je l'aime. Je sens l'eau sur mon corps et je l'apprécie. Je fais de mon mieux pour satisfaire les besoins de mon corps et pour recevoir ce qu'il a à me donner.

En Inde, les gens pratiquent un rituel que l'on appelle une *puja*, au cours duquel ils prennent des idoles représentant Dieu sous de nombreuses formes et les baignent, les nourrissent et leur expriment leur amour. Les idoles elles-mêmes n'ont guère d'importance. Ce qui compte, c'est la manière d'exécuter le rituel, la façon dont ces gens disent : « *Je t'aime, mon Dieu* ».

Dieu est la vie. Dieu est la vie en action. La meilleure façon de dire « *Je t'aime, mon Dieu* » est de vivre votre vie en faisant de votre mieux. La meilleure façon de dire « *Merci, mon Dieu* » est de se détacher du passé et de vivre l'instant présent, ici et maintenant. Lorsque la vie vous prive soudain de quelque chose, détachez-vous en. Lorsque vous pratiquez le renoncement et que vous vous détachez du passé, vous vous donnez la possibilité d'être pleinement vivant dans l'instant. Se détacher du passé signifie être capable de savourer le rêve que vous vivez en ce moment même.

Si vous vivez dans un rêve passé, vous n'appréciez pas ce qui se passe maintenant, parce que vous souhaitez que le présent soit autre qu'il n'est. Nous n'avons pas de temps à perdre à regretter quelque chose ou quelqu'un, car nous sommes vivants. Ne pas apprécier ce qui se passe à l'instant même, c'est vivre dans le passé et n'être qu'à moitié vivant. Cela conduit à l'auto-apitoiement, à la souffrance et aux larmes.

Vous êtes né avec le droit d'être heureux. Vous êtes né avec le droit d'aimer, de vous réjouir et de partager votre amour. Vous êtes vivant, alors embrassez votre vie et appréciez-la. Ne résistez pas à la vie qui s'exprime en vous, parce que c'est Dieu qui s'exprime ainsi. Votre seule existence prouve celle de Dieu. Elle prouve l'existence de la vie et de l'énergie.

Nous n'avons pas à savoir ni à prouver quoi que ce soit. Nous n'avons qu'à être, qu'à prendre le risque d'apprécier notre vie, c'est tout ce qui compte. Dites « *non* » lorsque vous voulez dire « *non* », et « *oui* » quand vous voulez dire « *oui* ». Vous avez le droit d'être vous-mêmes. Et vous ne pouvez être vous-mêmes qu'en faisant de votre mieux. Lorsque vous ne le faites pas, vous niez

votre droit à être vous-mêmes. Voilà une graine que vous devriez vraiment cultiver dans votre esprit. Vous n'avez pas besoin de connaissances ou de grands concepts philosophiques. Vous n'avez pas non plus besoin d'être accepté par les autres. Vous exprimez votre propre divinité en étant vivant et en vous aimant vous-mêmes ainsi qu'autrui. C'est une expression de Dieu que de dire : « *Hé, je t'aime !* »

Les trois premiers **accords toltèques** ne fonctionneront que si vous faites de votre mieux. Ne vous attendez pas à vous exprimer toujours avec une parole impeccable. Vos habitudes sont trop fortes et trop bien ancrées dans votre esprit. Mais vous pouvez faire de votre mieux. N'imaginez pas que vous ne prendrez plus jamais rien personnellement ; faites seulement de votre mieux. Ne croyez pas que vous ne ferez plus jamais la moindre supposition, mais vous pouvez parfaitement faire de votre mieux.

En faisant de votre mieux, l'habitude de mal utiliser votre parole, celle de faire une affaire personnelle de tout ce qui vous arrive et celle de faire des suppositions vont s'affaiblir et se manifester de moins en moins souvent. Vous n'avez pas à vous juger, à vous sentir coupable ou à vous punir, si vous n'arrivez pas à respecter ces **quatre accords toltèques**. Si vous faites de votre mieux, vous vous sentirez bien même en faisant encore des suppositions, même s'il vous arrive encore de réagir de façon personnelle, même si votre parole n'est pas tout le temps impeccable.

Si vous faites toujours de votre mieux, continuellement, vous deviendrez un maître de la transformation. C'est la pratique qui fait le maître. En faisant de votre mieux, vous devenez un maître. Tout ce que vous savez, vous l'avez appris par la répétition. Vous avez appris à écrire, à conduire et même à marcher par la répétition. Vous êtes maître dans l'art de parler parce que vous vous êtes exercé. Agir, mettre en pratique, voilà ce qui fait la différence.

Dans votre quête de liberté personnelle et d'amour de soi, si vous agissez au mieux, vous découvrirez que ce n'est qu'une question de temps avant de trouver ce que vous cherchez. Il ne s'agit pas de rêvasser ou de rester assis en méditation durant des heures. Il vous faut vous lever et assumer votre humanité. Honorez l'homme ou la femme que vous êtes. Respectez votre corps, appréciez-le, aimez-le, nourrissez-le, lavez-le et soignez-le. Faites de l'exercice et adonnez-vous à des activités qui font du bien à votre corps. C'est une *puja* pour votre corps, et une communion entre vous et Dieu.

Vous n'avez pas besoin d'adorer des idoles représentant la Vierge Marie, le Christ ou Bouddha. Vous pouvez le faire si vous le souhaitez ; si cela vous fait du bien. Mais votre corps est une manifestation de Dieu, et si vous l'honorez, tout changera pour vous. Lorsque vous vous entraînez à exprimer votre amour à toutes les parties de votre corps, vous semez des graines d'amour dans votre esprit, et lorsque celles-ci croîtront, vous vous mettrez à aimer, honorer et respecter immensément votre corps.

Par la suite, chacun de vos actes devient un rituel pour honorer Dieu. L'étape d'après est de l'honorer par chacune de vos pensées, chacune de vos émotions, chacune de vos croyances, même avec ce qui est « *juste* » ou « *faux* ». Chaque pensée devient alors une communion avec Dieu et vous vivez un rêve exempt de jugements, de sentiments de victime et du besoin de médire ou de vous faire du tort.

Lorsque vous honorez ces **quatre accords** à la fois, il vous est impossible de vivre en enfer. Il n'y a vraiment pas moyen. Si votre parole est impeccable, si vous ne faites jamais une affaire personnelle de quoi que ce soit, si vous ne faites aucune supposition, si vous faites constamment de votre mieux, alors votre vie sera magnifique. Vous contrôlerez votre existence à cent pour-cent.

Les **quatre accords toltèques** représentent un résumé de la maîtrise de la transformation, qui est l'une des maîtrises enseignées par les Toltèques. Vous changez l'enfer en paradis. Le rêve de la planète se transforme en votre propre rêve de paradis. La connaissance est à votre disposition ; elle n'attend seulement que vous vouliez bien vous en servir. Les **quatre accords toltèques** sont là ; vous n'avez qu'à les adopter et respecter leur signification et leur pouvoir.

Faites simplement de votre mieux pour honorer ces accords. Vous pouvez conclure l'accord suivant aujourd'hui même : « *Je choisis d'honorer les* **quatre accords toltèques** ». Ils sont tellement simples et logiques que même un enfant peut les comprendre. Mais il vous faut une volonté très forte, une volonté puissante pour les respecter. Pourquoi ? Parce que, où que nous allions, notre chemin est jonché d'obstacles. Tout le monde essaie de saboter notre engagement de respecter ces accords, et tout semble organisé autour de nous pour nous inciter à les rompre. Le problème vient des autres accords qui font partie du rêve de la planète. Ils sont vivants et très puissants.

Voilà pourquoi il vous faut être un grand chasseur, un grand guerrier, capable de défendre ces **quatre**

**accords** par votre vie. Votre bonheur, votre liberté, tout votre mode de vie en dépendent. Le but du guerrier est de transcender ce monde, d'échapper à cet enfer et de ne jamais y revenir. La récompense, comme l'enseignent les Toltèques, est de réussir à transcender l'expérience humaine de la souffrance, de devenir l'incarnation de Dieu. Voilà la récompense.

Nous devons vraiment utiliser la plus infime parcelle de notre pouvoir pour réussir à tenir ces accords. Au début, je ne pensais pas que j'y parviendrais. J'ai chuté de nombreuses fois, mais je me suis relevé et j'ai continué d'avancer. Et je suis tombé à nouveau, mais j'ai toujours continué. Je ne me suis pas apitoyé sur moi-même. Cela m'était tout à fait impossible. Je me disais : « *Même si je tombe, je suis assez fort, assez intelligent, donc j'y arriverai quand même !* » Alors je me relevais et je continuais. Chaque fois que je chutais, je me redressais et reprenais ma route, et chaque fois cela devenait de plus en plus facile. C'était pourtant très difficile, au début, très dur.

Alors, si vous aussi vous tombez, ne vous jugez pas. Ne donnez pas à votre Juge intérieur la satisfaction de faire de vous une victime. Non, soyez solide. Relevez-vous et renouvelez vos accords. « *Bon, j'ai rompu mon accord d'avoir une parole impeccable. Je recommence à zéro. Je vais respecter les* **quatre accords toltèques** *juste durant cette journée. Aujourd'hui ma parole sera impeccable, quoi qu'il m'arrive je n'en ferai pas une affaire personnelle, je ne ferai aucune supposition, et je ferai de mon mieux.* «

Si vous rompez un accord, recommencez le lendemain, et à nouveau le jour suivant. Au début ce sera difficile, mais chaque jour deviendra un peu plus facile, jusqu'au jour où vous découvrirez que votre vie est régie par ces **quatre accords**. Et vous serez surpris de voir comment elle aura été transformée.

Vous n'avez pas besoin d'être religieux ou d'aller à l'église chaque jour. Votre amour et le respect que vous vous témoignez vont croître et se développer. Vous en êtes capable. Si moi je l'ai fait, vous pouvez également le faire. Ne vous souciez pas du futur ;

gardez votre attention concentrée sur aujourd'hui et demeurez dans l'instant présent. Vivez simplement un jour à la fois. Faites toujours de votre mieux pour tenir ces accords, et bientôt tout cela deviendra facile. Aujourd'hui, un nouveau rêve commence.

# La voie toltèque
# de la liberté

## Briser les vieux accords

Tout le monde parle de liberté. Sur toute la planète des peuples, des races, des pays différents se battent pour elle. Mais qu'est-ce que la liberté ? En Amérique, les gens prétendent vivre dans un pays libre. Mais sont-ils vraiment libres ? Sommes-nous libres d'être qui nous sommes véritablement ? La réponse est non, nous ne le sommes pas. La véritable liberté est de pouvoir être libre d'être qui nous sommes vraiment.

Qui nous empêche d'être libre ? On accuse le gouvernement, le temps, les parents, la religion, on accuse même Dieu. Mais qui nous en empêche vraiment d'être libre ? Nous-mêmes. Que signifie véritablement être libre ? Parfois on se marie puis on dit avoir perdu sa liberté ; ensuite on divorce et on n'est toujours pas libre. Qu'est-ce qui nous retient ? Pourquoi ne parvient-on pas à être soi-même ?

Il nous reste de vagues souvenirs d'il y a très longtemps, lorsque nous étions libres et que nous en jouissions pleinement, mais nous avons oublié ce que signifie vraiment la liberté.

Si on regarde un enfant de deux ou trois ans, peut-être quatre, on voit un être humain libre. Pourquoi est-il libre ? Parce qu'il fait ce qu'il veut. Cet être-là est complètement sauvage. Comme une fleur, un arbre ou un animal qui n'a pas encore été domestiqué : sauvage ! Et si on regarde des enfants de deux-trois ans, on constate qu'ils arborent la plupart du temps un grand sourire et qu'ils s'amusent. Ils explorent le monde. Ils n'ont pas peur de jouer. Ils ont peur lorsqu'ils se font mal, qu'ils ont faim ou qu'un de leurs besoins n'est pas satisfait, mais ils ne se soucient pas du passé, ils se fichent de l'avenir et ne vivent que dans l'instant présent.

Les très jeunes enfants n'ont pas peur d'exprimer ce qu'ils ressentent. Ils ont tellement d'amour en eux que s'ils perçoivent de l'amour, ils se fondent en lui. Ils n'ont aucune peur d'aimer. Voilà la description d'un être humain normal. Enfants, nous n'avons ni peur du futur ni honte du passé. Notre tendance humaine naturelle est de jouir de la vie, de jouer, d'explorer, d'être heureux, d'aimer.

Mais que s'est-il passé chez l'adulte ? Pourquoi sommes-nous si différents ? Pourquoi ne sommes-nous plus sauvages ? Du point de vue de la Victime, on peut croire que quelque chose de triste nous est arrivé ; du point du vue du guerrier, ce qui s'est produit est normal. Le Livre de la Loi, le Juge et la Victime régissent notre existence : voilà ce qui est arrivé. Nous ne sommes plus libres parce que le Juge, la Victime et le système de croyances dont ils font partie ne nous permettent pas d'être qui nous sommes vraiment. Dès l'instant que notre esprit a été programmé avec tout ce fatras, nous ne sommes plus heureux.

Cette chaîne de programmation continue des enfants par leurs parents, de générations en générations, est tout à fait normale dans la société humaine. Inutile de condamner vos parents parce qu'ils vous ont appris à être comme eux. Que pouvaient-ils vous enseigner d'autre que ce qu'ils savaient ? Ils ont fait de leur mieux, et s'ils vous ont maltraité, c'est en raison de leur propre domestication, de leurs propres peurs et croyances. Ils ne contrôlaient absolument pas la programmation qu'ils ont reçue, donc ils ne pouvaient pas se comporter autrement.

Il est inutile de condamner vos parents ou quiconque vous ayant maltraité au cours de votre vie, y compris vous-mêmes. Mais il est temps de mettre un terme à ces mauvais traitements. Il est temps de vous libérer de la tyrannie du Juge, en changeant le fondement de vos propres accords. Il est temps de vous libérer du rôle de la Victime.

Votre vrai moi est encore un petit enfant qui n'a jamais grandi. Parfois cet enfant surgit lorsque vous vous amusez et que vous jouez, lorsque vous vous sentez heureux, que vous peignez, que vous écrivez de la poésie ou vous jouez du piano, ou que vous vous exprimez d'une façon ou d'une autre. Ce sont les moments les plus heureux de votre vie, lorsque votre vrai moi se manifeste, que vous ne vous souciez plus du passé ni de l'avenir. Vous êtes redevenu un enfant.

Mais quelque chose transforme tout ceci : on appelle cela les responsabilités. Le Juge dit : « *Attends un peu : tu es responsable, tu as des choses à faire, tu dois travailler, tu dois aller à l'école, tu dois gagner ta vie.* » Toutes ces responsabilités nous reviennent à l'esprit. Nos visages changent et nous redevenons sérieux.

Regardez des enfants jouant aux adultes, leurs petites mines changent. « *Je vais faire semblant d'être un avocat* » dit l'un d'eux. A l'instant, son visage se transforme et l'expression d'un adulte prend le dessus. Si on va au tribunal, c'est bien le genre de visages que nous y voyons, et celui que nous affichons aussi nous-mêmes. Nous sommes encore des enfants, mais nous avons perdu notre liberté.

Ce que nous recherchons, c'est la liberté d'être nous-mêmes, d'exprimer qui nous sommes. Mais en observant notre vie, nous voyons que la plupart du temps nous agissons simplement pour faire plaisir à autrui, pour être accepté par les autres, plutôt que de vivre notre vie pour nous faire plaisir à nous-mêmes. Voilà ce qui est arrivé à notre liberté. Et c'est ainsi que dans notre société et dans les autres sociétés de la planète, neuf cent quatre-vingt-dix neuf personnes sur mille sont complètement domestiquées.

Le pire est que la plupart d'entre nous ne sont même pas conscients de ne pas être libres. Quelque chose nous le murmure, mais nous ne comprenons pas ce que c'est ni pourquoi nous ne sommes pas libres.

Le problème, pour beaucoup, est qu'ils vivent leur vie sans jamais découvrir que le Juge et la Victime dirigent leur esprit, de sorte qu'ils n'ont jamais la possibilité de se libérer. La première étape vers la liberté est donc la prise de conscience. On doit premièrement être conscient de ne pas être libre afin de se libérer. On doit être conscient du problème afin de pouvoir y chercher une solution.

La prise de conscience est la première étape, car sans elle, rien ne peut changer. Si vous ne vous rendez pas compte que votre esprit est blessé et rempli de poison émotionnel, vous ne pouvez pas commencer à le laver et à guérir ses plaies, et vous continuerez de souffrir.

Il n'y a pourtant aucune raison de souffrir. La conscience vous permet de vous rebeller et de dire : « *Cela suffit !* » Vous pouvez chercher un moyen de guérir et de transformer votre rêve personnel. Le rêve de la planète n'est qu'un rêve. Il n'est même pas réel. Si vous pénétrez dans ce rêve et commencez à remettre en question vos croyances, vous découvrirez que la plupart de celles qui vous ont conduit à meurtrir votre esprit ne sont même pas réelles. Vous vous rendrez compte que vous avez souffert toutes ces années pour rien. Pourquoi ? Parce que le système de croyances qui vous a été inculqué est fondé sur des mensonges.

Voilà pourquoi il est important de maîtriser votre propre rêve et voilà pourquoi les Toltèques sont devenus des maîtres du rêve. Votre vie est la manifestation de votre rêve : c'est une œuvre d'art. Et vous pouvez changer de vie chaque fois que vous n'appréciez pas ce rêve. Les maîtres du rêve font un chef d'œuvre de leur vie ; ils contrôlent leur rêve en effectuant des choix. Chaque action entraîne des conséquences, et un maître du rêve est conscient de cette logique de ces conséquences.

Etre un Toltèque est un mode de vie dans lequel n'existent ni leaders ni disciples ; chacun a et vit sa propre vérité. Un Toltèque devient sage, sauvage, et il redevient libre.

Il y a trois maîtrises pour conduire les êtres à devenir des Toltèques. La première est la Maîtrise de l'Attention. Elle consiste à être conscient de qui l'on est vraiment, avec toutes ses possibilités. La deuxième est la Maîtrise de la Transformation : comment changer, comment se libérer de sa domestication. La troisième est la Maîtrise de l'Intention.

L'Intention, du point du vue des Toltèques, est cette composante de la vie qui rend possible la transformation de l'énergie ; c'est cet être vivant unique qui englobe toute l'énergie, ou que l'on appelle « *Dieu* ». L'Intention est la vie elle-même ; c'est l'amour inconditionnel. La Maîtrise de l'Intention est donc la Maîtrise de l'Amour.

Lorsqu'on évoque la voie toltèque de la liberté, on constate que les Toltèques disposent de toute une cartographie pour se libérer de la domestication. Ils comparent le Juge, la Victime et le système de croyance à un parasite qui envahit l'esprit humain. De leur point de vue, tous les humains qui ont été domestiqués sont malades, puisqu'un parasite contrôle leur esprit et leur cerveau. Ce parasite se nourrit des émotions négatives issues de la peur.

Si l'on regarde la description d'un parasite, on voit qu'il s'agit d'une créature se nourrissant de la vie d'autres êtres vivants, suçant leur énergie sans rien leur donner en retour, et détruisant petit à petit ses hôtes. Le Juge, la Victime et le système de croyances correspondent tout à fait à cette description. Ensemble, ils représentent un être vivant constitué d'énergie psychique ou émotionnelle, et cette énergie est vivante. Il ne s'agit bien sûr pas d'énergie matérielle, mais les émotions ne sont pas matérielles non plus. Nos rêves non plus ne sont pas constitués d'énergie matérielle, mais nous savons qu'ils existent.

L'une des fonctions du cerveau est de transformer l'énergie matérielle en énergie émotionnelle. Le cerveau est notre usine à émotions. Et nous avons dit que la fonction principale de l'esprit est de rêver. Les Toltèques croient que le parasite - le Juge, la Victime et le système de croyances - contrôle votre esprit ; il contrôle votre rêve personnel. Le parasite rêve à travers votre esprit et vit sa vie au moyen de votre corps. Il survit grâce aux émotions engendrées par la peur et prospère grâce aux drames et aux souffrances.

La liberté que nous recherchons, c'est d'utiliser notre propre esprit et notre corps, de vivre notre propre vie, et non celle du système de croyance de la société. Lorsque que nous découvrons que notre esprit est contrôlé par le Juge et la Victime, et que le vrai « nous » est relégué dans un coin, nous avons deux choix. Le premier est de continuer à vivre comme avant, de se soumettre au Juge et à la Victime, de continuer de vivre le rêve de la planète. Le deuxième consiste à faire ce que font les enfants lorsque les parents veulent les domestiquer : se rebeller et dire « Non ! » Nous pouvons déclarer la guerre au parasite et, au Juge et à la Victime, déclencher un combat pour conquérir notre indépendance, notre droit à utiliser notre propre esprit et notre propre cerveau.

Voilà pourquoi dans toutes les traditions chamaniques de l'Amérique, du Canada à l'Argentine, les chamans se font appeler guerriers, parce qu'ils sont en guerre contre le parasite de l'esprit. Voilà la vraie signification du guerrier. Le guerrier est celui qui se rebelle contre l'invasion du parasite. Il se rebelle et lui déclare la guerre. Cela dit, être un guerrier ne signifie pas gagner toutes les batailles ; parfois on en gagne, parfois on en perd, mais on fait toujours de son mieux et, au moins, on tente sa chance de redevenir libre. En choisissant cette voie, on y gagne au minimum la dignité de la rébellion, en faisant en sorte de ne plus être les victimes sans défense de ses propres émotions incongrues et du poison émotionnel d'autrui. Même si on succombe à l'ennemi - au parasite - on ne fait pas partie des victimes tombées sans s'être battues.

Dans le meilleur des cas, être un guerrier nous donne l'occasion de transcender le rêve de la planète et de transformer notre rêve personnel en un rêve appelé paradis. Tout comme l'enfer, le paradis est un lieu qui existe dans notre esprit. Il y règne la joie, on y est heureux, libre d'aimer et d'être qui on est vraiment. On peut atteindre le paradis en étant encore en vie ; pas besoin d'attendre d'être mort. Dieu est toujours présent et le royaume des cieux est partout, mais il faut tout d'abord des yeux et des oreilles pour voir et entendre cette vérité. On doit se libérer du parasite.

Le parasite peut être comparé à un monstre à mille têtes. Chacune de ses têtes est l'une de nos peurs. Si on veut être libre, il faut le détruire. Une solution consiste à attaquer une de ses têtes à la fois, ce qui signifie faire face à ses peurs une par une. Ce processus est lent, mais il fonctionne. Chaque fois qu'on fait face à une de ses peurs, on est un peu plus libre.

Une autre approche consiste à cesser de nourrir ce parasite. Si on ne lui donne plus rien à manger, on le tue par inanition. Pour ce faire, il faut contrôler ses émotions, ne plus entretenir celles qui proviennent de la peur. C'est facile à dire, mais beaucoup plus difficile à faire, parce que le Juge et la Victime contrôlent notre esprit.

Une troisième solution est ce que l'on appelle l'initiation de la mort. On la trouve dans de nombreuses traditions et écoles ésotériques du monde. Elle existe en Egypte, en Inde, en Grèce et en Amérique. Il s'agit d'une mort symbolique qui tue le parasite, sans nuire à notre corps physique. Lorsqu'on « *meurt* » symboliquement, le parasite doit mourir. Cette méthode est plus rapide que les deux autres, mais elle est encore plus difficile. Il faut beaucoup de courage pour rencontrer l'ange de la mort. On doit être très fort.

Regardons de plus près chacune de ces trois solutions.

# L'art de la transformation :
# le rêve de l'attention seconde

Nous avons vu que le rêve que vous vivez actuellement est le résultat du processus au moyen duquel le rêve de la planète a capté votre attention et vous a inculqué toutes vos croyances. On peut appeler le processus de domestication le rêve de l'attention première parce que c'est ainsi que votre attention a été utilisée pour la première fois, afin de créer le premier rêve de votre vie.

L'une des manières de changer vos croyances consiste à concentrer votre attention sur elles et sur vos accords, et à modifier ceux que vous avez conclus avec vous-mêmes. Ce faisant, vous vous servez de votre attention pour la seconde fois, créant ainsi le rêve de l'attention seconde ou nouveau rêve.

La différence, c'est que vous n'êtes plus innocent. Ce n'était pas le cas lorsque vous étiez enfant ; vous n'aviez pas le choix. Mais vous n'êtes plus un enfant. Maintenant, c'est à vous qu'il appartient de choisir. Vous pouvez choisir de croire ce que vous voulez, y compris de croire en vous-mêmes.

La première étape consiste à prendre conscience du brouillard qui obscurcit votre esprit. Vous devez devenir conscient du fait que vous rêvez en permanence. Seule cette conscience peut vous donner la possibilité de transformer votre rêve. Si vous vous rendez compte que tout le drame de votre vie provient de ce que vous croyez, et que ceci n'est pas vrai, vous pouvez alors commencer à changer. Toutefois, pour vraiment modifier vos croyances, il vous faut concentrer votre attention sur ce que vous voulez précisément changer. Vous devez connaître quels sont ceux parmi vos accords que vous voulez changer, avant de pouvoir le faire.

L'étape suivante consiste donc à développer la conscience de toutes les croyances limitatrices, fondées sur la peur, qui vous rendent malheureux. Faites un inventaire de tout ce que vous croyez, de tous vos accords, et ce faisant, la transformation commencera. Les Toltèques nomment ce processus l'Art de la Transformation, et cela représente toute une maîtrise. Vous devenez un Maître de la Transformation, en modifiant les accords basés sur la peur qui vous font souffrir et en reprogrammant votre esprit, à votre manière. L'une des façons dont vous pouvez effectuer cela est d'explorer et d'adopter des croyances telles que les **quatre accords toltèques**.

La décision d'adopter ces Accords est une déclaration de guerre contre le parasite, en vue de reconquérir votre liberté. Les **quatre accords toltèques** vous offrent la possibilité de mettre un terme à la douleur émotionnelle, vous ouvrant ainsi les portes à une réelle appréciation de la vie et au commencement d'un nouveau rêve. A vous d'explorer les possibilités de votre rêve, si cela vous intéresse. Les **quatre accords toltèques** ont été conçus pour vous aider dans l'art de la Transformation, vous permettre de briser vos accords limitatifs, vous donner davantage de pouvoir personnel et vous rendre plus fort. Plus vous serez fort, plus vous romprez d'anciens accords jusqu'à ce que vous atteignez le noyau de tous ces accords.

Atteindre ce noyau central est ce que j'appelle aller dans le désert. C'est dans le désert que vous vous retrouvez face à vos démons intérieurs. Une fois ressorti du désert, tous ces démons deviennent des anges.

La mise en pratique des **quatre accords** représente un acte important de pouvoir. Il vous faut en effet beaucoup de pouvoir personnel pour rompre le sort de magie noire auquel est soumis votre esprit. Chaque fois que vous brisez un accord, vous récupérez un peu plus de pouvoir. Vous commencez par rompre de petits accords qui requièrent peu de pouvoir. A mesure qu'ils se brisent, votre pouvoir personnel s'accroit jusqu'à ce que vous soyez finalement en mesure d'affronter les grands démons qui vous habitent.

Par exemple, cette petite fille à qui l'on avait dit de ne pas chanter : elle a maintenant vingt ans et ne chante toujours pas. Une manière pour elle de dépasser la croyance que sa voix est horrible consiste à se dire : « *D'accord, je vais essayer de chanter, même si je chante mal.* » Puis, elle peut imaginer que quelqu'un l'applaudit et lui dit : « *Oh ! C'était magnifique.* » Ceci peut amoindrir un peu l'accord dont elle souffre, même s'il est encore là. Cependant maintenant, elle a un peu plus de pouvoir et de courage pour essayer à nouveau, et s'y reprendre encore et encore, jusqu'à ce qu'elle brise complètement cet accord.

Voilà une manière de sortir du rêve de l'enfer. Mais chaque accord dont vous souffrez et que vous brisez doit être remplacé par un nouvel accord qui vous rend heureux. Cela évitera le retour de l'ancien. Si la même place est occupée par nouvel accord, l'ancien part à jamais.

Plusieurs anciens accords très puissants peuvent faire penser que ce processus ne finira jamais. C'est la raison pour laquelle il vous faut aller pas à pas et faire preuve de patience envers vous-même, parce que cela prend du temps. Votre manière actuelle de vivre est le résultat d'années de domestication. Vous ne pouvez donc vous attendre à vous en libérer en un seul jour. Il est très difficile de rompre nos accords, parce que le pouvoir de notre parole (qui est celui de notre volonté) a été investi dans chacun de ceux que nous avons conclus.

Pour modifier un accord, il faut la même quantité de pouvoir nécessaire à le créer. Il est impossible d'en changer un avec moins de pouvoir que nous n'en avons utilisé pour le conclure, et presque tout le pouvoir qui nous reste sert à maintenir les accords que nous avons passés avec nous-mêmes. Cela tient au fait que nos accords sont une forme de toxicomanie. Nous sommes dépendants de la façon dont nous vivons. Nous sommes dépendants de la colère, de la jalousie et de l'auto-apitoiement. Nous sommes dépendants des croyances qui nous disent : « *Je ne suis pas assez bon, je ne suis pas assez intelligent. Pourquoi essayer ? D'autres réussiront, parce qu'ils sont meilleurs que moi.* »

C'est par la répétition continuelle que tous ces anciens accords ont fini par diriger notre vie. Par conséquent, vous devez également utiliser la répétition pour adopter les **quatre accords toltèques**. C'est en mettant en pratique ces nouveaux accords que votre « *mieux* » deviendra encore meilleur. C'est la répétition qui fait le maître.

# La discipline du guerrier : contrôlez votre propre comportement

Imaginez que vous vous réveillez un matin débordant d'enthousiasme pour la journée à venir. Vous vous sentez bien. Vous êtes heureux, plein d'énergie pour affronter la journée. Puis, au petit-déjeuner, vous vous disputez avec votre femme, et un flot d'émotions se déverse. Vous vous emportez, et dans votre colère vous dépensez beaucoup de pouvoir personnel. Au terme de la dispute, vous vous sentez vidé, et vous n'avez qu'une envie, c'est de partir et de pleurer. D'ailleurs, vous êtes si fatigué que vous allez dans votre chambre, vous vous y effondrez, et vous essayez de récupérer. Vous passez toute votre journée pris par vos émotions. Il ne vous reste aucune énergie pour continuer, et vous n'avez plus rien envie de faire.

Chaque jour, on se réveille avec une certaine quantité d'énergie mentale, émotionnelle et physique, que l'on dépense au cours de la journée. Si on laisse nos émotions nous vider de cette énergie, il ne nous en reste plus pour changer notre existence ou pour en donner aux autres.

Votre façon de voir le monde dépendra des émotions que vous ressentez. Lorsque vous êtes en colère, rien de ce que vous voyez ne semble aller, tout paraît faux. Vous vous mettez à tout critiquer, y compris le temps ; qu'il pleuve ou qu'il fasse soleil, rien ne vous satisfait. Lorsque vous êtes triste, tout vous semble triste et vous donne envie de pleurer. Vous voyez les arbres et vous vous sentez triste ; vous regardez tomber la pluie et chaque chose semble infiniment triste. Vous vous sentez peut-être vulnérable et vous avez

besoin de vous protéger, parce que vous ne savez pas à quel moment vous risquez d'être agressé. Vous ne faites plus confiance à rien ni à personne autour de vous. Cela vient du fait que vous regardez le monde avec les yeux de la peur !

Imaginez que l'esprit humain soit pareil à votre peau. Si vous la touchiez, la sensation serait très agréable. Votre peau est faite pour recevoir des perceptions, et la sensation procurée par le toucher est merveilleuse. Imaginez maintenant que vous vous soyez blessé et que votre peau soit entaillée et infectée. Si vous la touchiez là où elle serait infectée, vous auriez mal ; vous essayeriez donc de la couvrir et de la protéger. Vous n'auriez aucun plaisir à être touché, à cause de la douleur.

Imaginez maintenant que tous les humains ont une maladie de la peau. Personne ne peut toucher qui que ce soit, parce que cela fait mal. Tout le monde a des plaies partout sur la peau, au point que cet état d'infection généralisé est considéré comme normal, et la douleur aussi ; chacun croit que c'est ainsi que les choses doivent être.

Pouvez-vous vous représenter les comportements que nous adopterions, si tous les êtres humains sur cette planète avaient une maladie de la peau ? Nous ne pourrions bien sûr pas nous prendre dans les bras, parce que ce serait trop douloureux. Il nous faudrait garder beaucoup de distance entre nous.

L'esprit humain ressemble tout à fait à cette description d'une peau infectée. Chaque être humain possède un corps émotionnel entièrement recouvert de plaies infectées. Chacune d'entre elles suppure du poison émotionnel, provenant de toutes les émotions qui nous font souffrir, telles que la haine, la colère, l'envie et la tristesse. Toute injustice ouvre une plaie dans l'esprit et nous y réagissons par du poison émotionnel, en raison des notions et des croyances que nous cultivons concernant la justice et l'injustice.

L'esprit est couvert de tellement de plaies provoquées par le processus de domestication, il est si plein de poison, que tout le monde considère son état pitoyable comme normal. Je peux cependant vous dire que ce n'est pas son état normal.

Le rêve de la planète est pathologique et les humains souffrent d'une maladie mentale appelée « *peur* ». Les symptômes de cette maladie sont les émotions dont ils souffrent : la colère, la haine, la tristesse, l'envie, et la trahison. Lorsque la peur est trop forte, l'esprit rationnel faiblit, et on parle alors de maladie mentale. Les comportements psychotiques se produisent lorsque l'esprit est tellement effrayé et les plaies si douloureuses qu'il est préférable de rompre le contact avec le monde extérieur.

Si on est capable de voir son propre état d'esprit comme étant malade, on voit qu'il y existe un remède. Il n'est pas nécessaire de continuer à souffrir. Tout d'abord, on a besoin de la vérité pour ouvrir ces plaies émotionnelles, en sortir le poison et les guérir complètement. Comment devons-nous procéder ? On doit pardonner à tous ceux qui nous ont fait du tort, non pas parce qu'ils méritent d'être pardonnés, mais parce qu'on s'aime tellement soi-même, qu'on ne veut plus continuer à payer pour les injustices passées.

Le pardon est la seule façon de guérir. On peut décider de pardonner par compassion pour soi-même. On peut se détacher de tout ressentiment et déclarer : « *Cela suffit ! Je ne serai plus le Juge qui me tyrannise. Je ne m'en voudrai plus et ne me maltraiterai plus. Je ne serai plus la Victime.* »

Il vous faut tout d'abord pardonner à vos parents, à vos frères et sœurs, à vos amis et à Dieu. Lorsque vous avez pardonné à Dieu, vous pouvez finalement vous pardonner à vous-mêmes. Lorsque

vous vous serez pardonné, le rejet de vous-même disparaîtra de votre esprit. Ce sera le début de l'acceptation de vous, et votre amour propre deviendra si fort que vous pourrez finalement vous accepter tel que vous êtes. Ce sera le commencement de la liberté humaine. Le pardon en est la clé.

Vous saurez que vous avez pardonné à quelqu'un lorsque vous serez capable de le voir sans réagir émotionnellement. Même en entendant le nom de cette personne, vous n'aurez plus de réaction. Lorsque quelqu'un peut toucher l'endroit où se trouvait une plaie et que cela ne vous fait plus mal, vous savez que vous avez vraiment pardonné.

La vérité est semblable à un scalpel. Elle est douloureuse, car elle ouvre toutes les plaies recouvertes par des mensonges, afin qu'on puisse guérir. Ces mensonges constituent un dispositif de déni. Ce dispositif est une bonne chose, puisqu'il nous permet de recouvrir nos plaies et de continuer à fonctionner. Mais lorsqu'on est débarrassé de toute plaie et de tout poison, on n'a plus besoin de mentir. Le dispositif de déni n'est plus utile, car un esprit sain, comme une peau saine, peut être touché sans que cela fasse mal. Lorsqu'il est propre, sain, l'esprit aime être touché.

Le problème de la plupart des gens, c'est qu'ils perdent le contrôle de leurs émotions. Ce sont habituellement les émotions qui contrôlent le comportement des humains, et non les humains qui maîtrisent leurs émotions. Lorsqu'on perd le contrôle, on dit des paroles qu'on ne voulait pas dire, ou on fait des choses qu'on ne voulait pas faire. Voilà pourquoi il est tellement important d'avoir une parole impeccable et de devenir un guerrier spirituel. Nous devons apprendre à contrôler nos émotions afin d'avoir assez de pouvoir pour changer les accords que nous avons conclus sous l'emprise de la peur, pour échapper à l'enfer et créer notre paradis personnel.

Comment devenir un guerrier ? Les caractéristiques d'un guerrier sont quasiment les mêmes partout dans le monde. Premièrement, le guerrier possède la conscience. Ceci est très important. On est conscient d'être en guerre, et celle-ci dans notre esprit exige de la discipline. Non pas celle d'un soldat, mais celle d'un guerrier. Ce n'est pas une discipline imposée de l'extérieur, qui nous dit que faire ou non, mais celle consistant à être soi-même, quoi qu'il advienne.

Ensuite, le guerrier possède le contrôle. Il ne s'agit pas de contrôler d'autres êtres humains mais ses propres émotions, son propre moi. C'est lorsqu'on perd le contrôle qu'on réprime ses émotions. La différence entre un guerrier et une victime, c'est que cette dernière réprime ses émotions tandis que le guerrier les réfrène. La victime les réprime parce qu'elle a peur de les exprimer. Se réfréner n'est pas la même chose que de réprimer. Se réfréner signifie contenir ses émotions puis les exprimer au bon moment : ni avant, ni après. Voilà pourquoi les guerriers sont impeccables. Ils contrôlent totalement leurs émotions et donc leur propre comportement.

# L'initiation de la mort : embrasser l'ange de la mort

Le dernier moyen pour atteindre la liberté personnelle est de se préparer à l'initiation de la mort, c'est-à-dire de prendre la mort elle-même comme instructeur. L'ange de la mort peut nous enseigner comment être vraiment vivant, comment le devenir. Nous devenons conscient qu'on peut mourir à tout moment ; seul le présent nous permet d'être vivant. La vérité est qu'on ne sait pas si on sera encore en vie demain. Qui le sait ? On pense avoir encore de nombreuses années devant soi. Mais est-ce le cas ?

Si nous allions à l'hôpital et que le médecin nous disait qu'il ne nous reste qu'une semaine à vivre, que ferions-nous ? Comme nous l'avons dit auparavant, nous avons deux choix. L'un est de souffrir et de dire à tout le monde : « *Pauvre de moi, je vais mourir* », et d'en faire tout un drame. L'autre est de profiter de chaque instant pour être heureux, pour faire ce qui nous fait vraiment plaisir. S'il ne nous reste qu'une semaine à vivre, alors apprécions vraiment la vie. Soyons vivant. On peut se dire : « *Je vais être moi-même. Je ne vais plus vivre ma vie en essayant de faire plaisir aux autres. Je n'aurai plus peur de ce qu'ils pensent de moi. Qu'est-ce que cela peut me faire, puisque je serai mort dans une semaine ? Je serai moi-même.* »

L'ange de la mort peut nous apprendre à vivre chaque jour comme si c'était le dernier, comme s'il ne devait pas y avoir de lendemain. On peut commencer chaque journée en se disant : « *Je suis éveillé, je vois le soleil. Je vais exprimer ma gratitude au soleil, à chaque chose et à chacun, parce que je suis encore en vie. Je dispose d'un jour de plus pour être moi-même.* »

Voilà comment moi je vois la vie, voilà ce que l'ange de la mort m'a enseigné : à être complètement ouvert, à savoir qu'il n'y a rien à craindre. Et bien entendu j'agis avec amour à l'égard de ceux que j'aime parce que c'est peut-être le dernier jour où je peux leur dire que je les aime. Je ne sais pas si je vais les revoir, alors je ne veux pas être en mauvais termes avec eux.

Que se passerait-il si je me disputais avec vous, que je vous jetais à la figure tout le poison émotionnel que j'ai contre vous, et que vous veniez à mourir demain ? Aïe ! Mon Dieu, mon Juge intérieur va m'en faire voir de toutes les couleurs, et je me sentirai tellement coupable de tout ce que je vous ai dit ! Je me sentirai même coupable de ne pas vous avoir dit combien je vous aimais.

L'amour qui me rend heureux est celui que je peux partager avec vous. Pourquoi devrais-je nier que je vous aime ? Peu importe que vous m'aimiez en retour. Je peux mourir demain, et vous aussi. Ce qui me rend heureux maintenant est de vous faire savoir combien je vous aime.

Il vous est possible de vivre votre vie de cette manière. Ce faisant, vous vous préparez à l'initiation de la mort. Au cours de cette initiation, le vieux rêve qui loge dans votre esprit mourra à jamais. Oui, il vous restera des souvenirs du parasite - du Juge, de la Victime et de ce que vous aviez l'habitude de croire - mais ce parasite sera mort.

Voilà ce qui va mourir au cours de l'initiation de la mort : le parasite. Il n'est pas facile de choisir cette initiation de la mort, parce que le Juge et la Victime s'y opposeront de toutes leurs forces. Ils ne veulent pas mourir. Qui plus est, on croit que c'est soi-même qui allons mourir, et cette mort nous fait peur.

En réalité, lorsqu'on vit dans le rêve de la planète, c'est comme si on était déjà mort. Celui qui survit à l'initiation de la mort reçoit donc le plus beau des cadeaux : la résurrection. Ressusciter signifie se lever d'entre les morts, être vivant, être à nouveau soi-même. La résurrection fait à nouveau de nous des enfants, sauvages et libres, mais avec une différence : désormais nous jouissons d'une liberté accompagnée de sagesse et non plus d'innocence.

Nous sommes capables de briser notre domestication, de nous libérer à nouveau et de guérir notre esprit. Nous nous soumettons à l'ange de la mort, sachant que le parasite va mourir et que nous serons encore en vie avec un esprit sain et une raison parfaite. Alors, seulement, nous serons libres d'utiliser notre propre esprit et de mener notre propre vie.

Voilà ce que l'ange de la mort nous enseigne, dans la voie toltèque. Il vient à nous et nous dit : « *Vois-tu, tout ce qui existe ici m'appartient ; ce n'est pas à toi. Ta maison, ton conjoint, tes enfants, ta voiture, ta carrière, ton argent : tout m'appartient et je peux te le reprendre quand je veux, mais pour l'instant tu peux en faire usage.* »

Si nous nous soumettons à l'ange de la mort, nous serons éternellement heureux. Pourquoi ? Parce qu'il emporte le passé et permet ainsi à la vie de continuer. A chaque moment écoulé, l'ange de la mort ne cesse d'en prendre la part qui est morte, tandis que nous continuons de vivre dans le présent. Le parasite souhaite que nous portions le passé avec nous, c'est pourquoi être vivant nous pèse tant. Tant qu'on essaie de vivre dans le passé, comment pouvons-nous savourer le présent ? Lorsqu'on rêve du futur, pourquoi nous faudrait-il porter le fardeau du passé ? Quand allons-nous enfin vivre dans le présent ? Voilà ce que l'ange de la mort peut nous enseigner.

# Le nouveau rêve

Le Paradis sur Terre

J'aimerais que vous oubliiez tout ce que vous avez appris au cours de votre existence. Ici commence une nouvelle compréhension, un nouveau rêve.

Le rêve que vous vivez est votre propre création. C'est votre perception de la réalité et vous pouvez la changer à tout moment. Vous avez le pouvoir de créer l'enfer, comme vous pouvez créer le paradis. Pourquoi ne pas rêver un autre rêve ? Pourquoi ne pas utiliser votre esprit, votre imagination et vos émotions pour rêver le paradis ?

Utilisez simplement votre imagination, et quelque chose d'extraordinaire se produira. Imaginez que vous êtes capable de voir le monde avec d'autres yeux, chaque fois que vous le voulez. Chaque fois que vous ouvrez les yeux, vous voyez le monde autour de vous de manière différente.

Fermez vos yeux maintenant, puis ouvrez-les et regardez dehors.

Vous verrez alors de l'amour émaner des arbres, de l'amour descendre du ciel, de l'amour jaillir de la lumière. Vous percevrez de l'amour dans tout ce qui vous entoure. C'est un état de béatitude. Vous percevez directement l'amour en toute chose, y compris en vous-mêmes et ceux qui vous entourent. Même lorsque les gens sont tristes ou en colère, vous parvenez à voir que, derrière ces sentiments, ils émanent de l'amour.

Au moyen de votre imagination et de votre nouvelle perception, j'aimerais que vous vous voyiez en train de vivre une nouvelle vie, un nouveau rêve, une vie dans laquelle vous n'avez pas à justifier votre existence et où vous êtes libre d'être qui vous êtes vraiment.

Imaginez que vous avez la permission d'être heureux et de jouir pleinement de votre vie. Votre existence est libre de tout conflit avec vous-même et avec autrui.

Imaginez-vous vivre sans craindre d'exprimer vos rêves. Vous savez ce que vous voulez, ce que vous ne voulez pas, et quand vous le voulez ou non. Vous êtes libre de changer votre vie de la façon dont vous le souhaitez vraiment. Vous n'avez pas peur de demander ce que vous voulez, de dire « *oui* » ou « *non* » à quiconque.

Imaginez-vous vivre sans craindre d'être jugé par autrui. Vous n'adaptez plus votre comportement en fonction de ce que les autres peuvent penser de vous. Vous n'êtes plus responsable de l'opinion d'autrui. Vous n'avez plus besoin de contrôler quiconque, et personne ne vous contrôle plus non plus.

Imaginez-vous vivre sans juger les autres. Vous pouvez facilement leur pardonner et vous détacher de tout jugement à leur égard. Vous n'avez plus besoin d'avoir raison, ni de donner tort à autrui. Vous vous respectez vous-même, ainsi que les autres, et ceux-ci vous respectent en retour.

Imaginez-vous vivre sans craindre d'aimer et de ne pas être aimé. Vous n'avez plus peur d'être rejeté, ni besoin d'être accepté. Vous pouvez dire « *Je t'aime* » sans honte ni justification. Vous pouvez parcourir le monde le cœur totalement ouvert, sans craindre d'être blessé.

Imaginez-vous vivre sans avoir peur de prendre des risques et d'explorer la vie. Vous n'avez plus peur de perdre quoi que ce soit. Vous ne craignez plus d'être vivant, et vous n'avez pas peur de mourir.

Imaginez que vous vous aimez tel que vous êtes. Vous aimez votre corps tel qu'il est, et vos émotions telles qu'elles sont. Vous savez que vous êtes parfait comme vous êtes.

Si je vous demande d'imaginer ces choses, c'est qu'elles sont toutes possibles ! Vous pouvez vivre en état de grâce, en état de

béatitude, vivre le rêve du paradis. Mais pour vivre ce rêve, vous devez tout d'abord comprendre ce qu'il est.

Seul l'amour peut vous mettre dans cet état de béatitude. Etre en béatitude, c'est comme être en amour. Etre en amour est comme être en béatitude. Vous flottez dans les nuages. Vous percevez de l'amour où que vous alliez. Il est tout à fait possible de vivre ainsi en permanence. D'autres l'ont fait, qui ne sont pas différents de vous. Ils vivent dans la béatitude parce qu'ils ont modifié leurs accords et vivent un autre rêve.

Dès que vous sentirez ce qu'est vivre en état de béatitude, vous adorerez cela. Vous saurez que le paradis sur terre est une réalité, qu'il existe vraiment. Quand vous saurez qu'il existe, qu'il est possible d'y demeurer, il ne tiendra qu'à vous de faire l'effort d'y arriver. Il y a deux mille ans, Jésus a parlé du royaume des cieux, du règne de l'amour, mais quasiment personne n'était prêt à entendre cela. Les gens disaient : « *De quoi parlez-vous ? Mon cœur est vide, je ne ressens pas l'amour dont vous parlez ; je n'ai pas la paix que vous avez.* » Ne réagissez pas comme cela. Imaginez simplement que ce message d'amour est possible et vous découvrirez qu'il vous appartient.

Le monde est très beau et merveilleux. La vie peut devenir très facile lorsque l'amour est votre mode de vie. Vous pouvez exprimer votre amour en permanence. C'est votre choix. Vous pouvez ne pas avoir de raison d'aimer et pourtant décider d'aimer parce que l'amour vous rend tellement heureux. L'amour en action ne produit que du bonheur. L'amour vous apportera la paix intérieure. Il changera votre perception de chaque chose.

Vous pouvez tout voir avec les yeux de l'amour. Vous pouvez devenir conscient que l'amour est présent partout. Lorsque vous vivez ainsi, il n'y a plus de brouillard dans votre esprit. Le *mitote* est définitivement parti en vacances. Voilà ce que les humains recherchent depuis des siècles. Depuis des millénaires, nous sommes à la recherche du bonheur. C'est notre paradis perdu. Les humains ont travaillé si dur pour atteindre ce point, et cela fait partie de l'évolution de l'esprit. C'est le futur de l'humanité.

Ce mode de vie est possible, il est à portée de mains. Moïse en parlait comme de la Terre Promise, Bouddha l'appelait Nirvana, Jésus le Paradis, et les Toltèques un Nouveau Rêve. Malheureusement, votre identité se confond actuellement avec le rêve de la planète. Toutes vos croyances, tous vos accords sont là, dans le brouillard. Vous sentez la présence du parasite, et vous croyez qu'il est vous. D'où votre difficulté à lâcher, à vous détacher de ce parasite et à créer un espace où vivre l'amour. Vous êtes attaché au Juge, attaché à la Victime. La souffrance vous donne un sentiment de sécurité, car elle vous est si familière.

Mais il n'y a vraiment aucune raison de souffrir. La seule raison pour laquelle vous souffrez est que vous l'avez choisi. Si vous regardez votre vie, vous trouverez de nombreuses excuses pour souffrir, mais vous ne trouverez aucune bonne raison. La même chose vaut pour le bonheur. La seule raison pour laquelle vous êtes heureux est parce que vous en faites le choix. Le bonheur, tout comme la souffrance, est un choix.

Il est possible que nous ne puissions échapper à la destinée humaine, mais nous avons un choix : souffrir de cette destinée ou en jouir. Souffrir, ou aimer et être heureux. Vivre en enfer, ou vivre au paradis. Mon choix est de vivre au paradis. Quel est le vôtre ?

# Prières

Prenez, s'il vous plaît, quelques instants et fermez vos yeux, ouvrez votre cœur, et sentez tout l'amour qui en émane.

Je souhaiterais que vous vous unissiez à mes paroles dans votre esprit et dans votre cœur, afin de ressentir un très fort lien d'amour. Ensemble nous allons faire une prière très spéciale afin de vivre une communion avec notre Créateur.

Concentrez votre attention sur vos poumons, comme si eux seuls existaient. Ressentez le plaisir qu'ils ont à se dilater pour satisfaire le besoin le plus important du corps : celui de respirer.

Inspirez profondément et sentez vos poumons se remplir d'air. Sentez que l'air n'est rien d'autre que de l'amour. Observez le lien existant entre l'air et les poumons, un lien d'amour. Emplissez vos poumons d'air, jusqu'à ce que votre corps ait besoin de l'expulser. Puis expirez, et à nouveau ressentez le plaisir que cela procure. Car chaque fois qu'on satisfait un besoin humain, on en tire du plaisir. Ainsi, par exemple, respirer procure beaucoup de plaisir. Le simple fait de respirer suffit à nous rendre constamment heureux, à jouir de la vie. Sentez le plaisir que vous avez à être vivant, à ressentir de l'amour...

# Prière pour être libre

En ce jour, nous te demandons, ô Créateur de l'Univers, de venir à nous et de partager avec nous une puissante communion d'amour. Nous savons que ton vrai nom est Amour, que de communier avec toi signifie partager la même vibration, la même fréquence que la tienne, parce qu'il n'y a que toi dans l'Univers.

Aujourd'hui, aide-nous à être comme toi, à aimer la vie, à être la vie, à être l'amour. Aide-nous à aimer comme tu aimes, sans conditions, sans attentes, sans obligations, sans jugements. Aide-nous à nous aimer et nous accepter sans jugement, car lorsque nous nous jugeons, nous nous culpabilisons et ressentons le besoin d'être punis.

Aide-nous à aimer tout ce que tu as créé inconditionnellement, en particulier les autres êtres humains, surtout nos proches, nos parents et ceux que nous nous efforçons tant d'aimer. Car lorsque nous les rejetons, nous nous rejetons nous-mêmes, et lorsque nous nous rejetons, c'est toi que nous rejetons.

Aide-nous à aimer les autres tels qu'ils sont, sans conditions. Aide-nous à les accepter tels qu'ils sont, sans jugements, car si nous les jugeons, nous les déclarons coupables, nous les critiquons et nous ressentons le besoin de les punir.

En ce jour, lave notre cœur de tout poison émotionnel, libère notre esprit de tout jugement, afin que nous vivions intégralement dans la paix et dans l'amour.

Aujourd'hui est un jour spécial. Aujourd'hui, nous ouvrons nos cœurs pour aimer à nouveau afin de pouvoir nous dire les uns les autres « *Je t'aime* », sans peur, et en le ressentant vraiment. Aujourd'hui, nous nous offrons à toi. Viens à nous, sers-toi de nos voix, de nos yeux, de nos mains, et de notre cœur pour que nous puissions nous offrir en une communion d'amour à chacun.

Aujourd'hui, ô Créateur, aide-nous à être exactement comme toi. Merci pour tout ce que nous recevons en ce jour, en particulier la liberté d'être qui nous sommes vraiment. Amen.

## Prière pour l'amour

Ensemble nous allons partager un rêve merveilleux, un rêve que vous souhaiterez faire en permanence. Ce rêve se déroule par une journée magnifique, chaude et ensoleillée. Vous entendez les oiseaux, le vent et une petite rivière. Vous marchez vers la rivière, au bord de laquelle un vieil homme médite. De sa tête, vous voyez jaillir une lumière magnifique, de différentes couleurs. Vous essayez de ne pas le déranger, mais il sent votre présence et ouvre ses yeux. Il a de ces yeux qui sont plein d'amour, et il arbore un grand sourire. Vous lui demandez comment il fait pour irradier toute cette splendide lumière. Vous souhaitez qu'il vous enseigne à faire ce qu'il fait. Il vous répond que lui aussi, il y a de nombreuses années, a posé la même question à son instructeur.

Le vieil homme se met à vous raconter son histoire :

*« Mon instructeur a ouvert sa poitrine et sorti son cœur, pour en prendre une magnifique flamme. Puis il a ouvert ma poitrine et mon cœur pour y mettre cette flamme à l'intérieur. Ensuite il a remis mon cœur dans ma poitrine, et à peine était-il à sa place que j'ai ressenti un amour puissant, car la flamme qu'il avait mise dans mon cœur était son propre amour.*

« Cette flamme s'est mise à croître dans mon cœur pour devenir un grand, grand feu, un feu qui ne brûle pas, mais qui purifie tout ce qu'il touche. Ce feu est entré en contact avec chacune des cellules de mon corps, et mes cellules se sont mises à me renvoyer cet amour. Je n'ai fait plus qu'un avec mon corps, mais mon amour continuait de croître. Ce feu a alors touché toutes les émotions de mon esprit, et elles se sont toutes transformées en un amour puissant et intense. Et je me suis mis à m'aimer complètement et sans conditions.

« Mais le feu continuait de brûler et je ressentais le besoin de partager mon amour. J'ai donc décidé de mettre une petite part de mon amour dans chaque arbre, et les arbres m'ont renvoyé leur amour en retour, et je n'ai fait plus qu'un avec les arbres, mais mon amour ne s'arrêtait pas, il croissait encore. J'ai mis une part de mon amour dans chaque fleur, dans l'herbe, dans la terre, et toutes m'ont renvoyé leur amour en retour, et nous sommes devenus un. Et mon amour croissait encore et encore, jusqu'à aimer tous les animaux de la terre. Eux aussi ont répondu à mon amour et m'ont aimé en retour, et nous sommes aussi devenus un. Mais mon amour continuait de grandir et de grandir encore.

« J'ai alors mis une part de mon amour dans chaque cristal, dans chaque pierre du sol, dans la boue, dans les métaux, et tous m'ont renvoyé leur amour en retour, et je n'ai fait plus qu'un avec la terre. Puis j'ai décidé de mettre mon amour dans l'eau, dans les océans, les rivières, la pluie et la neige. Et ils m'ont aimé en retour et nous sommes devenus uns. Et mon amour ne cessait de croître. Je l'ai alors aussi donné à l'air et au vent. J'ai ressenti un lien puissant avec la terre, avec le vent, avec les océans, avec la nature, et mon amour croissait encore.

« J'ai regardé vers le ciel, le soleil et les étoiles, et j'ai mis une part de mon amour dans chaque étoile, dans la lune, dans le soleil, et eux aussi m'ont renvoyé leur amour. Et je n'ai fait plus qu'un avec la lune et le soleil et les étoiles, et mon amour continuait de grandir. Alors j'ai mis une part de mon amour dans chaque être humain, jusqu'à ne faire plus qu'un avec toute l'humanité. Où que j'aille, qui que je rencontre, je me vois dans leurs yeux, car je fais partie de tout et de chacun parce que j'aime. »

Et le vieil homme ouvre sa propre poitrine, sort son cœur et la magnifique flamme qu'il contient, et il met cette flamme dans votre cœur. Et désormais cet amour se met à croître en vous. Maintenant vous ne faites qu'un avec le vent, avec l'eau, avec les étoiles, avec toute la nature, les animaux et les humains. Vous ressentez la chaleur et la lumière qui émanent de cette flamme dans votre cœur. De votre tête jaillit une magnifique lumière aux multiples couleurs. Vous irradiez l'amour et vous priez :

*« Merci, ô Créateur de l'Univers, pour le don de la vie que tu m'as accordé. Merci de m'avoir toujours donné tout ce dont j'ai vraiment besoin. Merci de m'avoir offert la possibilité de jouir de ce corps splendide et de cet esprit merveilleux. Merci de vivre en moi avec tout ton amour, avec ton esprit pur et sans limites, avec ta lumière chaude et radieuse.*

*« Merci de te servir de mes mots, de mes yeux et de mon cœur pour partager ton amour où que j'aille. Je t'aime comme tu es, et puisque je suis ta création, je m'aime comme je suis. Aide-moi à conserver l'amour et la paix dans mon cœur, et à faire de cet amour un nouveau mode de vie, afin que je vive dans l'amour jusqu'à la fin de mes jours. Amen. »*

Don Miguel Ruiz est un maître de la tradition de l'école des mystères toltèques. Il partage son éventail unique de connaissances au cours d'ateliers, de conférences et de voyages guidés à Teotihuacan, au Mexique. Dans cette ancienne cité de pyramides, connue des Toltèques comme le lieu où « *l'Homme devient Dieu* », Don Miguel utilise le processus mis au point par les anciens pour guider ceux qui cherchent à travers l'élévation de leurs niveaux de conscience.

Pour plus d'information, contacter :

SIXTH SUN
PO Box 1846
Carlsbad, CA 92018
USA
Site web: www.miguelruiz.com

ou en langue française :

LE CERCLE DE VIE
P.O. Box 22422
Santa Fe, NM 87502
USA
e-mail : circlif@roadrunner.com

# • L'intuitionneur

*Hal Zina Bennett*

## Un oracle de sagesse, un outil de décision

Comparable à un I *Ching* occidental, voici une remarquable méthode pour activer l'intuition et les fonctionnements cérébraux de l'hémisphère droit afin de faciliter la prise de décision dans toutes les circonstances de sa vie.

Une façon ludique de trouver des solutions à un problème en sortant de ses ornières de pensée.

**140 FF / 39 FS**

*Un coffret comprenant un livret de 128 pages, 20 cartes et un dé à 20 faces.*

## ● Se libérer des systèmes de croyances

*Michael Misita*

### Vers la plénitude de l'être

« Post-New Age », ce livre montre comment aller au-delà des croyances, toujours limitées, plutôt que de remplacer les négatives par des positives ou un paradigme par un autre.
Transcender la croyance pour accéder à la plénitude de l'être, vivre sans idées préconçues, en étant ouvert, disponible, présent dans l'instant. Stimulant, interpellant, cet ouvrage ouvre la porte à une nouvelle dimension de l'existence...

**160 pages • 98 FF / 28 FS**

## ● Aucune rencontre n'arrive par hasard

*Kay Pollak*

### Se découvrir à travers les autres

Chaque rencontre est l'occasion de mieux connaître soi-même et les autres, et de dépasser la colère, la peur, la gêne ou la frustration que génèrent certaines relations. Des moyens très simples pour percevoir et interpréter différemment nos interactions avec autrui, pour que chaque rencontre enrichisse notre vie. Des textes remarquables de clarté et de concision.

**ISBN 2-88353-161-7 • 96 pages • 75 FF / 21 FS**

# Collection « *pratiques* »

Des questions claires, des réponses précises,
des auteurs qualifiés... et un prix imbattable !

Une quarantaine de titres disponibles...
et de nombreux autres en préparation !

## S'épanouir et donner le meilleur de soi en toutes circonstances.

● **Lâcher prise**

*Rosette Poletti*
*& Barbara Dobbs*
**29 FF - 9 FS**

● **L'estime de soi**

*Rosette Poletti*
*& Barbara Dobbs*
**29 FF - 9 FS**

Achevé d'imprimer par ⌇ Corlet, Imprimeur, S.A.
14110 Condé-sur-Noireau (France)
N° d'Imprimeur : 39322 - Dépôt légal : mai 1999

*Imprimé en U.E.*